CONFÍA

EL UNIVERSO QUIERE HACERTE MILLONARIO

ISABEL MANCÍAS

ISBN: 9798689586380

Sitio web: **www.isabelmancias.com**
©Isabel Mancías, 2020
Edición: Patricia Martínez Fernández (www.textosapunto.com)
Diseño: Francisco J. Iglesias Sanz (www.textosapunto.com)

ÍNDICE

AGRADECIMIENTOS

Este libro está dedicado, en primer lugar, al Ser que me dio la vida; Dios, gracias por enseñarme el camino.

A mi esposo Ken, por llegar a mi vida y enseñarme a confiar en mí.

A mi hija V. V., por ser el milagro y mi maestra más importante.

Gracias por confiar.

NOTA DE LA AUTORA Y DE LA EDITORA

Este libro utiliza el español neutro, con el fin de que su mensaje llegue al mayor número posible de hispanohablantes de manera sencilla y comprensible.

Se emplea el género masculino cuando se quiere englobar ambos sexos. Se respetan, así, las normas gramaticales del español, sin que esto traiga aparejado que se deje fuera a las mujeres.

Universo y Dios son dos términos equivalentes y se utilizan siempre como binomio. No es intención de este libro entrar en controversias religiosas ni espirituales, sino manifestar el máximo respeto a todas las creencias.

PRÓLOGO

Escribo esto un 11 de agosto de 2020, lo que significa que, al menos en España, hace seis meses que se decretó el estado de alarma, se sufrieron tres meses de confinamiento diversos grados, se instauró una «nueva normalidad» y, en estos momentos, se lucha por controlar los rebrotes del COVID-19. Se trata, al menos para mi generación, de una situación inédita, pero escenifica todo lo que quien haya adquirido este libro podrá encontrar en las siguientes páginas.

La palabra clave que más se repite a lo largo del texto es confianza. Tanto la autora como yo sabemos lo que es tenerla en estos momentos, pero también lo que nos ha costado encontrarla. Ambos estamos hoy felices con nuestras vidas porque visualizamos cómo queríamos que fueran, pero no perdemos de vista que en el camino encontramos momentos de dudas y hasta de replanteamientos personales y profesionales.

El dicho clásico acerca de que «el dinero da la felicidad» ha evolucionado enormemente. Vemos cómo personas millonarias son infelices y cada vez más lo hacen ver de manera pública. Es cierto que, en ocasiones, sus problemas nos parecen banales, pero en realidad lo que vienen a escenificar es que a cualquier nivel las preocupaciones son casi las mismas.

Lo que sí es cierto es que tener una posición económica cómoda ayuda a calmar los nervios. A no enviar ese correo que puede parecer desesperado porque te deben dos pagos de tu trabajo. A no aceptar ofertas laborales que no te seducen solo para seguir buscando aquello que te apasiona de verdad.

La pregunta es cuánto dinero necesitamos en realidad. Si has fluctuado en niveles de ganancias a lo largo de tu vida, sabrás que, a mayores ingresos, mayores gastos. Y que, en épocas no tan buenas, el estrés de mantener esos costes (en gran medida superfluos) es mucho peor que el de buscar alternativas que los cubran.

Mi consejo en este sentido es triple. Primero, decide qué NO quieres hacer. Ese es el primer paso para avanzar. Hoy día tienes las mismas probabilidades de encontrar un trabajo que te guste que uno que detestes, así que pon toda tu energía en lo que te motiva.

Segundo, comienza a sembrar. Ofrécete sin vergüenza. Muchas veces miramos a personas que se ubican en puestos que pensamos que están hechos para nosotros y nos pregunta-mos cómo han llegado hasta ahí, sabiéndonos iguales o incluso superiores a su nivel. Y, normalmente, la clave son los contactos. Recuerda: más del ochenta por ciento de los trabajos llegan por recomendaciones personales, no por elección de aptitudes.

Y tercero, piensa cuánto dinero quieres ganar, a qué te va a hacer renunciar y qué equilibrio entre empleo, familia y tiempo libre quieres tener. Quizá tu objetivo es generar cien mil dólares al año en tu cuenta, pero eso te impide ver crecer a tus hijos por prestar una dedicación plena. O con la mitad no solo puedes ir de restaurante cada semana, sino, además, pasar tiempo con los tuyos. Poca gente establece a priori este balance. El hecho de tenerlo claro te ayudará a encontrar más fácilmente aquello que buscas.

Quizá no acabes entre el tres por ciento de la población mundial que tiene en su cuenta miles de millones, pero se puede vivir extraordinariamente bien en el treinta por ciento restante de posición acomodada. El éxito es diferente para cada persona, pero, sin atisbo de duda, quien lo consigue lo hace en gran medida por haber trazado previamente un plan.

Y este libro, con sus reflexiones y ejercicios, es precisamente eso: tu plan para llegar a la vida que deseas.

David Blay Tapia

INTRODUCCIÓN

Todos los seres humanos buscamos siempre la confianza; en nosotros mismos, en los demás, en nuestro proyecto personal o profesional y, por supuesto, en la vida misma.

Sin embargo, vivir con confianza es una de las tareas más difíciles. Nadie nos ha enseñado. Muy por el contrario, escuchamos que no debemos relajarnos, porque nos pueden hacer daño; que podemos tropezar y caernos, y eso nos dolerá; que no tengamos fe en nuestra memoria para afrontar un examen, que volvamos a repasar una y mil veces para no obtener un mal resultado.

Día tras día, padres, familia, amigos y sociedad nos han insistido en la necesidad de no confiar, pero lo sorprendente es que, si desarrollamos la confianza más allá de nuestro entendimiento, lograremos nuestros objetivos de forma más fácil de lo que imaginamos.

Cuando escuché por primera vez que Dios (o *universo*, o como te guste) deseaba que fuera millonaria, reaccioné con escepticismo. Fue preciso que lo escuchara y leyera varias veces para que comprendiera la necesidad de desarrollar *el músculo de la confianza*, como lo llamo.

En este libro te voy a explicar cómo puedes poner a funcionar el músculo de la confianza, para que logres entender que el universo te quiere millonario y que puedes ayudar a más personas cuando lo seas. Estoy completamente convencida de que Dios te quiere millonario: solo tienes que saber cómo desplegar la confianza en tu vida, aplicarla y aceptar lo que ya es tuyo por derecho divino.

Capítulo 1
Dónde nace la confianza

¿Alguna vez te has preguntado dónde nace la confianza? Todos nacimos con cierto nivel de confianza. Es parte de tu naturaleza humana, tú naciste con ella, es parte de tu ADN, como todo en la naturaleza. Imagina que estás en una hermosa playa viendo cómo las tortugas marinas salen del cascarón, y muchas de ellas van hacia el mar. Algunas están desorientadas, pero al final la naturaleza siempre es más fuerte, y logran encontrar el camino hacia el mar.

Únicamente el uno por ciento de las tortugas que nacen llegarán al mar, porque serán antes alimento para sus depredadores, bien mediante la ingesta de los huevos, bien recién nacidas. Incluso así, sus madres confían en que, pese a todo, su especie seguirá su evolución, igual que ha hecho durante miles de años.

¿Te has puesto a pensar cómo un recién nacido sabe qué hacer cuando tiene que succionar la leche materna del pecho de su madre? ¿Cómo sabe que va a salir algo bueno? Cuando nace un bebé, este confía en que su madre y padre cuidarán de él. Una de sus limitaciones es que no sabe hablar aún, y la forma de comunicarse con sus cuidadores es a través del llanto. Es tan específico ese llanto que una madre identifica si el motivo del llanto es hambre, dolor, un reclamo de compañía o de un cambio de pañal. ¿Cómo puede llevarse a cabo esta comunicación cuando uno de ellos no sabe hablar?

La respuesta es, de nuevo, que todos nacimos con cierto nivel de confianza. La madre desarrolla su instinto materno, que estaba dormido hasta el momento en que dio a luz; no obstante, siempre lo tuvo. El bebé simplemente hace algunas y pequeñas diferenciaciones en su llanto y la madre reacciona conforme a lo que ese llanto le transmite. Mucha gente lo llama *intuición*, esa con la que todos nacimos y que, conforme fuimos creciendo, se fue debilitando, convirtiéndose en un músculo sin uso para nuestra vida y nuestro futuro.

Seguridad y amor

El Dr. Schindler, en 1954, expuso las seis necesidades del ser humano: seguridad, amor, autoestima, expresión, experiencias nuevas e ideas creativas. Las tres primeras se dan para sobrevivir. Las segundas son una forma saludable de expresión. Llegamos a este mundo siendo puros, sin juicios, culpas o condicionamientos pasados, sin ataduras o responsabilidades que cumplir, tan solo dar y recibir amor incondicional.

¿Qué necesidades tiene entonces ese bebé? Lo primero que requiere es contar con la seguridad que le brindan sus padres. ¿Cómo la puede constatar? Creando una conexión con su madre, asegurándose de que ella lo va a alimentar y se va a hacer cargo de él. Esto nutre su amor y, al mismo tiempo, su autoestima, que son las tres necesidades básicas.

Lo interesante es que ese bebé depende por completo de la seguridad que le ofrecen sus padres durante mucho tiempo. No existe otro ser vivo con una dependencia tan larga de sus progenitores.

Para algunas madres, la conexión con su bebé es inmediata tras su nacimiento. Para otras, tarda un poco más en producirse, pero se crea igualmente. Si ponemos otro ejemplo de la naturaleza, fíjate en los alumbramientos de los mamíferos. Cuando la madre retira la placenta y comprueba que respiran, aparece esa conexión o instinto.

Estos ejemplos demuestran que todos los seres vivos nacimos gozando de un sentimiento de confianza; por desgracia, al ir creciendo, va desapareciendo.

Creencias y experiencias

¿Te has preguntado por qué y cómo empieza a perderse esa confianza? Es debido a tres razones:

1. Las creencias con las que se nos crio.
2. Nuestras propias experiencias de vida.
3. El miedo a perder la seguridad de la que nos proveen nuestros padres.

Quiero ponerte un ejemplo sencillo que te va a ayudar a entenderlo. Imagina que eres adolescente. Por supuesto, confías, y sabes que el amor de pareja está esperándote. Encuentras a alguien que te gusta y con quien, finalmente, comienzas una relación. Estás feliz, enamorado, y no puedes dejar de pensar en esa persona. Tus días pasan tan deprisa que ni los sientes, vives en una nube. Conforme vais conociéndoos, hay pequeños detalles que te llaman la atención, pero los ignoras, pensando que son cosas tuyas, que va a cambiar, que no es nada, o simplemente confías en lo que te prometió y decides darle una oportunidad.

Vuelve la felicidad a tus días y, sobre todo, la confianza. Sigue pasando el tiempo y vas olvidando esos pequeños detalles, pero algo sucede de nuevo y una vez más te hace sentir mal. Tu confianza, que estaba siendo reconstruida, se quebranta aún más. Te repite que no es nada y que, por favor, le des otra oportunidad. Esperanzado, lo haces, pero, cuando sucede de nuevo, ya no confías, y terminas la relación con el corazón roto.

Después de un periodo de sanación, vuelves a sentir ese deseo de enamorarte, pero, en esta ocasión, ya no toleras esos pequeños detalles que viste en tu anterior pareja: a la primera vez que los observas, ni siquiera permites al otro que se explique.

¿Qué está sucediendo? Tus experiencias pasadas te ayudan a fortalecer o a debilitar tu músculo de la confianza. En este caso, la experiencia pasada está determinando el futuro de tus siguientes relaciones y el cómo se desarrollan. Esto debilita tu confianza en ti, en los otros, en la vida y en Dios.

Siguiendo con el mismo ejemplo, te das un tiempo de soledad y más tarde te permites volver a embarcarte en una relación y, sin saber cómo, vuelves a caer con la misma personalidad y con los mismos problemas. Con el transcurso del tiempo, te das cuenta de que tus relaciones siguen un patrón, y que, por más que intentas no repetirlo, no puedes. Te preguntas: «¿Qué estoy haciendo mal?».

En este caso, tus creencias están determinando tus resultados, y ya que estas se encuentran almacenadas en tu mente subconsciente, no posees el poder de cambiarlas como deseas porque no has llegado al entendimiento de cómo funciona. Así pues, te resignas a seguir viviendo la vida igual que hasta ahora, y piensas que es lo que Dios quiere para ti. Sin embargo, esto alimenta la desconfianza en ti de forma muy agresiva, por lo que tu músculo de la confianza se debilita. Tu confianza en Dios decae peligrosamente, porque no te proporcionó lo que deseabas con todo tu corazón, y has perdido la fe. La confianza en otras personas también resulta gravemente dañada, porque tus experiencias del pasado han sido desastrosas. Tu confianza en la vida, que está ligada a las tres anteriores, carece ya de fuerza, y tomas la decisión inconsciente de vivir en automático.

Estos dos ejemplos que te expongo son ejemplos de miles de personas y, por supuesto, yo también los viví, pero, como te menciono, la confianza es un músculo y se puede fortalecer si lo alimentas de la forma correcta y, al mismo tiempo, lo ejercitas para que esa fuerza que lleva dentro se restablezca y coopere contigo para darle vida a tus mayores sueños.

Esos sueños son tuyos y de nadie más. Pueden ser tan grandes o tan pequeños como desees. Pueden ser tener un negocio propio, encontrar la pareja de tus sueños y formar una familia, viajar por el mundo y conocer lugares fabulosos, ayudar a personas que lo necesiten, cantar en un escenario, etc. Tus sueños son perfectos y no existen reglas para decir sí o no, simplemente SON.

Deseo

Me gusta mucho la palabra *deseo* porque en latín significa «demandar o esperar». El sentido original puede ser «esperar lo que las estrellas traerán». En tiempos muy antiguos, esto tenía un sentido más profundo, pues pensaban que las estrellas les iban a dar lo que deseaban. En aquel entonces, las estrellas eran seres más poderosos que ellos.

Considero que un deseo es un llamado de Dios diciéndote que está lograrlo está en tus manos. Si existe un deseo en tu corazón, se debe a que Dios lo colocó en él para que tú lo manifiestes.

Ejercicio

Vamos a hacer un pequeño ejercicio para que empieces a trabajar con tu nivel de confianza y podamos empezar a fortalecerlo.

Siéntate a observar la naturaleza por lo menos diez minutos. No permitas que los pensamientos o preocupaciones te invadan, simplemente, respira y observa. Pon atención en lo que pasa. ¿Estás viendo las olas del mar? ¿Estás en la ciudad y estás viendo la naturaleza desde tu ventana? Simplemente, observa.

Después de hacerlo durante unos diez minutos, respirando tranquilamente y absorbiendo el entorno, haz una anotación de lo que viste, por ejemplo: «Desde mi ventana puedo observar que los árboles absorben la luz del sol y se mueven al ritmo del viento, sin oponer ninguna resistencia. Hay un pájaro de tamaño mediano y otros más pequeños, y he visto cómo levantan el vuelo sin preocuparse de si van a poder o no, y también cómo descienden y toman lo necesario de la tierra, ya sea una semilla o un pedazo de hierba, y lo llevan al nido. También he visto cómo las nubes están simplemente moviéndose».

Trata de ser lo más explícito posible en todos los detalles. Al hacer este sencillo ejercicio, vas a empezar a desarrollar la confianza en la vida.

Capítulo 2
El valor de la confianza

Hoy estás disfrutando de un buen día. Todo fluye con paz y tranquilidad, los clientes pagan, las llamadas de trabajo son exitosas, te llega un proyecto nuevo, recibes una felicitación por tu buen servicio, etc. Se te presenta una nueva oportunidad que impulsará tu negocio, justo ese tipo de oportunidad que habías estado buscando y no habías podido encontrar. Naturalmente, la aceptas, ¿por qué no? Nadie puede detener tu ritmo, y estás dispuesto a hacer lo necesario para crecer.

Ve al otro extremo. Imagina que todo marcha mal, que tienes deudas, que las personas que necesitas que te contesten no lo hacen, que internet, por alguna extraña razón, te está fallando, que tuviste un accidente o que o alguien de tu familia está

9

enfermo, que desapareció el contrato que estabas a punto de cerrar, etc. Parece que te despertaste con el pie izquierdo y no sabes qué hacer para cambiarlo. Y en ese momento se te presenta una nueva oportunidad, esta puede ser la clave para que des ese salto cuántico en tu vida y en tu negocio. Sin embargo, estás tan abrumado por lo negativo que no la tomas, porque requiere de un esfuerzo y de un sacrificio, el de abandonar todas las creencias que te están ayudando a repetir esa historia.

En cualquiera de los dos extremos en el que te encuentres, es notorio que la confianza te ayuda y la falta de ella no te deja avanzar. Esto es solo un ejemplo de lo que puede hacer la confianza en un área de tu vida, pero, si aplicas al resto de las áreas, te darás cuenta de que el valor de la confianza es mucho mayor de lo que imaginabas.

Pero veámoslo con detenimiento, ya que es de suma importancia. Como leíste antes, un bebé no tiene otro problema en su vida más que obtener seguridad y amor por parte de sus padres. No viene al mundo con problemas de autoestima, no se dice a sí mismo: «Soy feo, no sirvo para nada. Estoy muy gordo y no me puedo mover por mí mismo. Para todo necesito a mis padres, soy únicamente un estorbo, porque lo único que hago es llorar, pedir comida y cambios de pañal». Solo pensarlo parece ridículo, puesto que es solo un bebé. La cuestión es en qué momento empieza a caer la autoestima y cómo pasamos de ser hermosas criaturas llenas de amor

10

incondicional y deseo de vivir a ser adultos con falta de autoestima.

Autoestima

Todo comienza en los primeros años de nuestra vida, de los cero a los siete, para ser precisos. Como seres humanos, disponemos de dos mentes, la mente consciente y la mente subconsciente (en adelante, la llamaremos *mente SC*). La mente consciente se empieza a desarrollar a partir de los siete años, por lo que, hasta los siete años, solo contamos con la mente SC. Esta no posee capacidad de rechazar, únicamente puede aceptar lo que ve, experimenta y escucha y, por supuesto, escucha repetidamente. ¿Qué significa esto? Que, si de pequeños estuvimos oyendo en nuestro medio ambiente (padres, escuela, sociedad, libros, etc.) que no somos lo suficientemente inteligentes, o que no hay dinero para comprar lo que quieres, o que solo eres un estorbo, entre otras tantas cosas, esa información queda inscrita en tu mente SC. Esos mensajes son lo que hoy llamas *creencias*, *programación* o *sistema de valores*. Todo esto te ayuda a conformar tu autoestima, que es donde están grabados los planos de tu éxito.

¿Qué significa que los planos de tu éxito están grabados en tu autoestima? Y, sobre todo, ¿qué tiene que ver con la confianza? Es tu nivel de autoestima lo que te ayuda a alcanzar un grado alto o bajo de confianza. Como ya expuse, este nivel de confianza determina tus capacidades futuras de ver las oportunidades que se te presentan en la vida y tu determinación de tomarlas o no. Por ello puedo asegurar que sí, los planos de tu éxito o de tu fracaso están grabados en tu autoestima.

Muchas personas me aseguran que tienen un muy buen nivel de autoestima y que no hay que trabajar en ello. Cuando empiezo a hacerles preguntas, simplemente no saben cómo responder, o no pueden, por la carga emocional que guardan dentro de sí mismos. Es importante mencionar que la autoestima no está relacionada con el atractivo físico. Únicamente tiene que ver con la programación que recibiste en tu infancia. He conocido personas muy atrayentes y con una gran falta de confianza en sí mismas, en la vida, en los demás y en Dios. La autoestima se conecta con saber quién soy y qué he venido a hacer a este planeta Tierra.

Te pondré el ejemplo de Trinidad. Cuando empezamos a trabajar juntas, su nivel de confianza estaba bajo mínimos después de que su madre hubiera fallecido. Su autoestima y motivación eran casi nulas: no podía levantarse por las mañanas, se sentía deprimida, no podía tomar el teléfono para hacer llamadas y, por supuesto, sus ingresos habían disminuido.

Anteriormente, había logrado obtener éxito en su negocio, por lo que esa información estaba dentro de su memoria, así que nos centramos en fortalecer su músculo de la confianza.

Uno de los problemas que tenía era que su medio ambiente era muy negativo y competitivo, y se sentía muy estresada por tener que permanecer en ese lugar. Debido a ello, preparamos una salida de aquel medio ambiente para que se rodeara de paz y tranquilidad que la ayudaran a cambiar sus resultados. Por supuesto, al principio hubo resistencia, pero confió en mí y se forzó a hacerlo. Cuando logró estar fuera de ese entorno, las cosas empezaron a cambiar para ella rápidamente.

Mente subconsciente (mente SC)

Déjame detenerme en por qué es tan importante el cambio de medio ambiente. Como ya te adelanté, existen dos mentes: la mente consciente y la mente SC. La mente consciente posee la capacidad de aceptar o rechazar una idea, de razonar lo que te está sucediendo; en cambio, la mente SC no goza de la facultad de rechazar, solo acepta lo que le es presentado. ¿Qué significa esto? ¿Qué relación tiene con la confianza?

La mente SC es la encargada de manifestar todo lo que tienes en tu vida. Es indiferente si se trata de algo que te gusta y deseas o si es algo que no te gusta y no deseas: ella hace que esas cosas sucedan. Ya te conté que, de los cero a los siete años, la mente SC es la única que opera, lo que significa que todo lo que vimos, escuchamos, experimentamos, sentimos, olimos, etc. en nuestra infancia se quedó grabado y dio lugar a nuestro sistema de valores.

Pero hay una gran noticia: la mente SC no deja de alimentarse durante toda la vida. Lo hace mediante cinco vías:

1. Tus cinco sentidos.
2. Tu plática interna.
3. Tus resultados.
4. Tus circunstancias.
5. Tu medio ambiente.

Como puedes ver, tu medio ambiente es parte de la alimentación de la mente SC, por lo que, si lo cambias drásticamente, ella va a bajar la guardia y va a sentirse mucho más en paz, saliendo del modo *pelear o volar* (en inglés, *flight or fight*). Tan solo imagina abandonar un lugar donde se te ataca constantemente, donde escuchas comentarios mal intencionados y donde te sientes estresado. ¿No es cierto que solo pensar en esa imagen ya te hace sentir mejor?

Esto era precisamente lo que le estaba sucediendo a Trinidad. Su medio ambiente se había vuelto demasiado competitivo y agresivo, por lo que, en lugar de ayudarla a salir adelante, la estaba empujando a un pozo.

Lo segundo que empezamos a tratar con ella fue su confianza en sí misma. Fui enseñándole a comunicarse mejor consigo misma, a cambiar su plática interna, a comprometerse con sus propias palabras. ¿Fue sencillo? No, por supuesto que no, estuvo batallando un tiempo hasta que empezó a ver los primeros resultados. Todo lo que le sucedía tenía su origen en el dolor por la pérdida de su madre, tras la cual no se había dado permiso para vivir. Cuanto más iba saliendo de ese dolor, más fácil le resultaba confiar en sí misma. Esto fue alimentado poco a poco su autoestima y, finalmente, pudo entender que Dios la quería millonaria.

Su vida empezó a adquirir velocidad: empezó a ver y a aceptar oportunidades que antes consideraba imposibles y se dio cuenta de que se le presentaban más retos para llegar a su objetivo, pero, como su músculo de la confianza se había fortalecido, fue consciente de que podía resolverlos de una manera diferente a como los habría pensado antes. Todo sucedió en forma de espiral ascendente: cada éxito y cada problema solucionado la ayudaban a toparse con más y más cuestiones, y siempre salía triunfante de una u otra manera. Su confianza se alimentó a través de resultados y circunstancias, por lo que su plática interna empezó a ser muy diferente. Esto la llevó a estar en la posición que quería, que ya no era un sueño, sino su nueva realidad.

Ahora, déjame mostrarte la otra cara de la moneda, y cómo la desconfianza puede llevarte por caminos inapropiados. Para ello, qué mejor que relatarte mi propia experiencia.

El 2 de enero de 2000, empecé a trabajar para una compañía estadounidense con presencia en México. Mis primeros meses fueron absolutamente ideales. Todo iba de maravilla, estaba aprendiendo muchísimo, el medio ambiente era fantástico, estaba haciendo nuevos amigos y conociendo a muchas personas. Sin embargo, para completar el contexto, es necesario apuntar que mi nivel de inglés era muy bajo, y eso me hacía sentir muy insegura, ya que todos los manuales de trabajo eran en ese idioma.

Yo albergaba una creencia negativa muy fuerte sobre mi inglés. Rehusaba hablarlo a causa de una experiencia negativa de mi infancia en donde reprobé la materia. Mi familia se mofó, y mi padre, maestro de inglés, me mostró claramente su decepción. Esto se quedó grabado en mi mente SC muchísimo tiempo y me hizo sentir muy mal, incompetente, inapropiada, inferior a los demás. Así que, por más feliz que yo pudiera estar con ese nuevo trabajo, la realidad era que, muy en el fondo de mí, mi mente SC insistía en que no merecía estar ahí.

Mi confianza en mí misma era baja. Muy a pesar de que yo pudiera aparentar serenidad, paz, confianza y autoestima, la realidad era que no me sentía realmente a la altura de las circunstancias, por lo que, en el momento en que se dio la recesión de Estados Unidos, fui una de las primeras personas despedidas. Me sentía aún peor, porque era el trabajo de mis sueños (para mi *yo* de ese momento).

Para mí, por lo general, encontrar trabajo era la cosa más sencilla del mundo, y en quince días ya tenía otro empleo, pero

16

mi autoestima y mi confianza estaban tan bajo mínimos que tardé seis meses en poder lograr encontrar algo y, cuando lo hice, era algo que no me gustaba y donde el medio ambiente era muy negativo. Esto me hizo renunciar al poco tiempo y tratar de hallar otro empleo mejor, pero como mi autoestima y confianza aún no estaban fortalecidas, lo que sucedió fue que acepté otro en donde pensaba que iba lograr un gran cambio. No fue así, porque mi músculo de la confianza continuaba muy debilitado. Y, efectivamente, mi estancia allí fue corta y, una vez más, me marcó. En este caso, te puedes dar cuenta de cómo todos estos acontecimientos fueron creando una espiral descendente que me fue llevando de más a menos.

Mi creencia era que yo no era buena en el inglés porque yo reprobé la materia cuando estaba en mis primeros años de escuela y, por supuesto, no podía formar parte de algo en donde no me sentía bien. Por otra parte, mis experiencias y resultados para encontrar trabajo eran que podía hacerlo en poco tiempo, pero, por el mismo motivo de mis creencias y autoestima, solo daba con empleos inadecuados para mí, que seguían alimentando mi vida de forma negativa.

Estos dos ejemplos te dan una perspectiva mucho más clara del impacto que tiene en tu vida tu nivel de confianza y autoestima. Estos dos van mano con mano y, por supuesto, esto no tiene nada que ver con el hecho de que seas atractivo físicamente o no, o con que seas inteligente o no: se relaciona con tus propias experiencias de vida y con cómo tu medio ambiente fue apoyándote para desarrollar ese músculo de la confianza o para debilitarlo.

El valor de la confianza es mucho mayor de lo que puedes imaginar. Lo que estoy tratando de enseñarte en estas páginas es que puedes volver a fortalecerla.

Ejercicio

Vamos a ver un ejercicio que te va a ayudar a ver hacia dentro de ti para observar lo aprendido desde una perspectiva mucho más amplia.

Busca un acontecimiento en tu vida que te haya marcado y reflexiona sobre cómo te impidió avanzar como deseabas, tal y como lo explico en mi ejemplo personal. Puede ser una materia, como mi caso, o bien tratarse de una ruptura amorosa, una caída en el bosque cuando estabas caminando, etc. No importa qué, lo relevante es que eches la vista atrás y escribas cómo marcó tu futuro para que obtengas mucha más claridad.

Cuando termines de escribir, busca otro ejemplo. Ahora será un acontecimiento que te haya llevado en una espiral ascendente, algo como que conociste a una persona que se convirtió en tu amigo y este, a su vez, te presentó a otro amigo, con quien te casaste, que te sigue haciendo feliz, o bien puede ser algo como que fuiste a una fiesta y ahí reparaste en un edificio que no habías notado anteriormente y al que fuiste a parar a trabajar. Lo fundamental es que hagas esa reflexión para que veas cómo tus acontecimientos del pasado te han ido marcando.

Capítulo 3
El universo te quiere millonario

Una de las cosas que más admiro es la naturaleza. Me gusta ver documentales sobre la misma porque me ayuda a comprobar que la frase de «el universo te quiere millonario» es real.

Ciclos

Déjame ponerte un ejemplo sencillo. En el hemisferio norte, así como en el sur, resultan obvias las cuatro estaciones del año. Cuando es primavera, se puede contemplar cómo todo brota, el frío disminuye y los pájaros cantan, entre otras cosas, y todo es sencillo y genuino. Cuando es verano, todo alcanza su esplendor: llega el calor y las aves entran en la etapa de alimentar a sus polluelos para que puedan volar. Cuando es otoño, todo empieza a decaer: las hojas cambian de color y percibimos algo de abandono, la temperatura baja y las aves comienzan a emigrar. Cuando es invierno, el frío ya nos acompaña y todo está desolado, pocos animales se muestran y no hay mucho movimiento.

Este proceso es mucho más que solo las cuatro estaciones y sus hermosos colores. Es un procedimiento continuo de creación, es un ciclo de vida y muerte. Esa muerte ayuda a que se siga perpetuando la misma vida, ya que las hojas caídas en el suelo se descomponen y el suelo se convierte en mucho más fértil para el siguiente ciclo. Es simplemente abundante y perfecto.

Ahora, volvamos la vista al continente africano. Al llegar el verano, comienzan a darse temperaturas extremas, lo que propicia sequedad, que es, a su vez, causa de incendios forestales. Por ellos mueren animales entre las llamas; si logran escapar, después no pueden sobrevivir, porque el entorno que les procuraba sustento está destruido.

La naturaleza es sabia, y la destrucción es indispensable para que la tierra pueda recibir los nutrientes necesarios para el siguiente ciclo de vida. A pesar de que nuestros ojos nos señalen insistentemente que solo hay destrucción y muerte, hay que aprender a ver más allá, ya que detrás hay más vida.

El poder de elección

Es probable que estés pensando lo siguiente: «¿Y qué tiene que ver todo esto con que Dios me quiera millonario?». Mi respuesta a tu pregunta es esta: «¿Alguna vez has visto un león preocupado porque la parcela se quemó y ya no tiene más alimento? ¿Has visto a ese mismo león llorando de rabia y pensando que es pobre y que no tiene para alimentarse?». Claro que no, ¿verdad?

Tú no eres ese león, por supuesto, pero eres un ser con capacidad intelectual y, sobre todo, con capacidad de decisión, o, como a mí me gusta llamarlo, *el superpoder de elegir*. ¿Elegir qué? A dónde ir, qué pensar, qué comer, qué creer.

Imagina que estás atravesando por ese incendio en tu vida. Puede ser un fracaso personal o profesional de gran calado. Te encuentras devastado, sientes temor a la muerte por esas llamas que te rodean, sientes que te estás debilitando, pero, tal y como te mencioné en el ejemplo de la naturaleza, ese incendio era necesario para el crecimiento de más vida dentro del siguiente ciclo. Ese detalle con tu pareja o ese contrato que perdiste eran indispensables para poder crear más vida, para ayudarte a que el siguiente ciclo sea mucho más fructífero y abundante.

El problema radica en que, por un lado, desconoces cómo usar tu poder de elección y, por otro lado, tu nivel de confianza en Dios y en ti mismo es débil. Debido a ello, no logras escapar de ese pensamiento negativo de que todo está acabado, cuando la realidad es que no. Debes saber que esa destrucción se ha dado para que puedas sacar lo mejor de ti.

Ley de más vida

La ley de más vida asevera que todo lo que pasa en tu vida o en el universo es para más. Se relaciona con la ley de transmutación de energía perpetua. Esta afirma que todo está en constante movimiento de no forma a forma y de regreso, lo cual significa que todo está en constante movimiento y todo es para la creación de más.

¿Mas qué? Más vida. Cuando sabes confiar en estas leyes y, sobre todo, las entiendes, es cuando alcanzas el poder de usar ese maravilloso don de elegir. Eliges pensar que todo va a ir bien o eliges pensar que todo está acabado. Tomas la decisión de seguir avanzando o tomas la decisión de dejarte vencer por una adversidad.

Gracias a esta combinación del conocimiento de las leyes universales con la confianza, puedes comprobar que Dios o el universo no está poniendo obstáculos en tu camino porque hayas actuado mal, sino que te está ayudando. Ayudarte es ayudarse a sí mismo a continuar su propio ciclo de vida y muerte, y esto es parte del proceso expansivo del universo mismo.

Sé que todo esto puede ser completamente nuevo para ti, como lo fue para mí, pero mi consejo es que no lo rechaces de plano. Date una oportunidad de digerir la información y, si es necesario, vuelve a leer una o varias veces este libro para que puedas entender con mayor profundidad todos estos conceptos que te estoy explicando.

Lo que te puedo asegurar con toda certeza es que Dios te quiere millonario, y para lograrlo tienes que entender que esos fracasos solo fueron incendios para proveerte de una tierra más fértil que la anterior. Ahora solo debes aprender a confiar, en Dios, en ti, en los demás, en la vida y en los otros.

Ejercicio

Piensa en un incendio de tu vida, un acontecimiento que supuso una destrucción total para ti, física o psicológicamente. ¿Cuáles fueron las emociones que sentiste? Date permiso de escribirlo y plasmarlo en papel. Al terminar de registrar todos esos sentimientos, reflexiona sobre cuál fue el resultado de ese incendio. ¿Te causó una depresión? ¿Te arruinaste y tuviste que pedir prestado? Pon especial atención en cómo te ayudó a ser mejor persona hoy, cómo te proporcionó más vida.

Capítulo 4
Tus mentiras eliminan tu confianza

Como ya te expliqué, nuestra mente está configurada en dos partes, que son la mente consciente y la mente SC. Ya sabes que, desde que nacemos hasta que cumplimos siete años, únicamente disponemos de la mente SC, que no posee la capacidad de rechazar, sino solo la de aceptar. En este lapso de vida de nuestros primeros años, todo aquello que vivimos fue de acuerdo a la percepción, visión y juicio de nuestros padres. Esto configuró nuestro propio sistema de valores, que determina cómo pensamos, reaccionamos, actuamos y vemos la vida. Si esto pasó contigo, significa que igual ocurrió con tus padres, y tus abuelos, tus bis-abuelos, etc.

27

En una ocasión, viajé a un destino de descanso con mi esposo y mi hija cuando ella ya había cumplido tres meses. En el vuelo, también iba una mujer de avanzada edad. Cuando estábamos esperando en la fila para mostrar nuestros documentos, me dijo: «Póngale los calcetines o se va a enfermar. No le debe quitar los calcetines a un bebé menor de un año». La niña estaba sudando a mares porque hacía mucho calor, así que me pareció un consejo absurdo. Tiempo después, pensé en que aquella señora seguramente había recordado algunas creencias de su madre o de su abuela y las seguía perpetuando.

Mentiras aprendidas

A estas creencias las llamo *mentiras*, y las nombro de esta forma debido a que el hecho de que me las hayan transmitido mis padres no significa que sean verdad. Muy por el contrario, me gusta observar los elementos de cada historia o creencia para ver si es cierta o no. Cuando ocurrió la anécdota del vuelo, lo comenté con varias personas, y una de ellas me dijo: «Bueno, pues si lo dicen las personas mayores, algo debe de tener de cierto». Otras, en cambio, me comentaron: «Sí, Isa, es ridículo y no tiene nada de cierto». Investigué un poco y descubrí que en países muy fríos ponen a dormir a los recién nacidos a la intemperie durante unas horas al día para ayudarlos a fortalecer sus sistemas inmunológicos. Naturalmente, esto lo hacen protegiendo a los bebés y bajo supervisión.

Volviendo al asunto que nos ocupa, la verdad es que, por ser niños, dependemos de nuestros padres y de sus conocimientos. Nuestra mente SC absorbe el saber o la ignorancia de nuestros mayores. Si crecimos apoyándonos en las historias o mentiras de nuestros padres, hemos vivido igual. Las creencias no nos permiten ver más allá de cómo nos educaron.

La mente SC controla absolutamente todo en nuestra vida. Imagina cuántas cosas escuchaste, viste y viviste respecto a Dios, al dinero, a las relaciones de pareja, a las amistades, a la comida, al trabajo, entre tantas otras. Si esto es así, es el momento de preguntarte qué viviste respecto a la confianza. ¿Cuáles han sido tus experiencias personales respecto a confiar? ¿Qué te dijeron tus padres al respecto?

Estoy segura de que no es fuerte, de que tu músculo de la confianza es débil porque nunca lo has fortalecido con nueva información que no te haya sido dada por tus padres. Creer es un músculo que tiene que vigorizarse.

Fortalecer el músculo de la confianza

¿Como fortalezco el músculo de la confianza? No es una respuesta sencilla, más bien yo diría que es una respuesta que lleva práctica y, por muy paradójico que parezca, confianza. Y aquí podríamos recurrir a aquello de ¿quién fue primero, el huevo o la gallina?

Seguro que recuerdas que las tortugas confían en que su especie pervivirá. Lo mismo sucede con los bebés, que no albergan dudas de que sus padres los van a cuidar y proteger. Cuando somos adultos, todos los días nos acostamos con fe en que vamos a despertar al día siguiente, acudimos a restaurantes sin sospechar que el cocinero vaya a envenenarnos, subimos al tren sin pensar en que alguien nos robará la maleta.

Todos gozamos de cierto nivel de confianza, pero hemos perdido aquella genuina que se deposita en nosotros mismos, en Dios, en los demás y en la vida. ¿Por qué? Porque nuestras propias mentiras no nos permiten ver más allá de lo que nos enseñaron y porque le hemos pedido mucho a Dios y no nos ha atendido como queríamos. Nos basamos en estas experiencias y creencias para continuar, y nuestro músculo de la confianza adelgaza hasta el punto de no creer ni siquiera en nuestros propios sueños.

Cuando vivía en México, mi nivel de confianza en mí misma y en las demás personas era muy débil. Mi padre me había repetido en muchas ocasiones: «Si no tienes novio en la universidad, te vas a quedar soltera», así que, en mi mente, yo tenía que tener novio; de hecho, eso fue precisamente lo que había visto en mis hermanas, que todas habían tenido novio en la universidad y todas se habían casado con ellos. Por supuesto, no me planteaba hacer algo diferente, pero, una semana antes de casarme, una duda enorme me atormentó durante noches:

«¿Estoy haciendo lo correcto? ¿Esta es la persona con la que quiero estar el resto de mi vida?». Una voz dentro de mí me susurraba que no, pero una segunda voz me recordaba que no podía hacer otra cosa, porque, si no me casaba con mi novio de la universidad, nunca lo haría. Incluso mi propio padre no estaba satisfecho con la idea, pero, aun así, lo hice, porque no confiaba en mí, no sabía cómo hacerlo. Mi medio ambiente y mis experiencias me instaban a no confiar en mí.

Por supuesto, ese matrimonio no tenía futuro, porque no me casé por la razón correcta, y, tan solo en un año y medio, los problemas eran insoportables, lo que generó que aún confiara menos en mí y, naturalmente, mi salud se vio muy afectada. Padecía gastritis y colitis recurrentemente, hasta que tuve que ir al hospital, porque el dolor era tan fuerte que no podía salir de la cama. El doctor se dirigió a mí con las siguientes palabras: «Tu sistema digestivo está completamente inflamado, y todo es por estrés. No puedo hacer nada más que pautarte un tratamiento para disminuir la inflamación y sugerirte que acudas a un gastroenterólogo». Pasé meses en tratamiento para poder aliviar la inflamación de mi sistema digestivo. Adelgacé diez kilos en treinta días y mi salud empeoraba rápidamente.

Mi nivel de confianza era tan débil porque todas las mentiras (creencias), experiencias, y lo que yo misma me decía hacían que disminuyera. Después de mi divorcio, empecé a trabajar en mi confianza, tras haber estado durante seis meses en tra-

31

tamiento psiquiátrico para poder regular mi calidad y cantidad de sueño. Al terminar mi tratamiento, tomé la decisión de buscar un método más amigable y no tan agresivo para poder vivir una vida mejor.

Mi forma de salir del bache fue leer muchos libros. Empecé a trabajar con esa información, lo que logró que mi plática interna fuera cambiando poco a poco; mis conversaciones con mis amigas eran cada vez más positivas y mostraban más confianza en mí misma; mi calidad de vida fue mejorando mientras aumentaba la fuerza en mi músculo de la confianza. Empecé a hablar más con Dios a mi manera, no de la forma como mis padres me enseñaron. Me enojaba con él, lloraba, le gritaba, le escribía, pero mi relación con Dios avanzó. Mi nivel de confianza fue creciendo, pero, como puedes ver, tiene mucho que ver con la práctica.

La práctica de la confianza, de creer paso a paso en mí, de seguir descubriendo el camino por el que tenía que ir andando y, sobre todo, la práctica de dejar de ver, hacer y pensar como me habían enseñado, ese fue el secreto. Este es el mismo camino que tú puedes seguir. Practica una conversación diaria contigo, con Dios, con tus proyectos de vida, y te darás cuenta de que, cuanto más lo hagas, más fácil es para ti darte cuenta de que tú también puedes ser millonario.

Ejercicio

Ahora es tu turno de poner en práctica lo que te estoy enseñando. Localiza en tu memoria una creencia o mentira como la historia que compartí de mi hija cuando tenía tres meses. Ha de ser algo que te dijeron a ti directamente, o algo que le escuchaste a alguien. Escribe lo que pasó, cómo pasó y qué te hizo sentir. Al terminar, documéntate para averiguar si es verdad, tal y como hice yo para aprender que en países muy fríos ponen a los bebés a dormir fuera para fortalecer su sistema inmunológico.

También puedes preguntar qué es lo que piensan sobre esa creencia a diferentes personas de fuera de tu círculo de amigos inmediatos y familiares. Escucha como un investigador y no recibas lo que te dicen como tuyo, sino, simplemente, escucha y analiza. Si haces esto, tienes que buscar al menos diez personas para ver si hay diferencias, ya que es necesario reunir suficientes datos. Si es una cuestión que le puedas plantear a profesionales, como médicos o abogados, puede ser que tengas una percepción diferente.

Capítulo 5
Cómo sumar y no restar

Todos somos parte de un gran universo, de un planeta Tierra, de un país, de una ciudad, de un vecindario, de una familia. Deepak Chopra asegura que en nuestro interior existe un universo entero. Cuando leí esto, realmente no lo entendí, y pensaba que era imposible. Chopra explica que cada una de nuestras células es un microuniverso. Si se contempla una célula en el microscopio, es como una fotografía del universo, porque ambos comparten muchas similitudes.

El universo o Dios siempre está en constante comunicación contigo. Muchas veces pensamos que no nos escucha y nos sentimos solos. Acudimos a los ángeles, a los santos o a la iglesia para lograr entablar esa comunicación. Sin embargo, no es necesario, ya que puedes hablar de forma interna con Dios. Como te explicaba, cada célula es como una fotografía del universo, aquella hermosa fotografía del universo que titularon *El ojo de Dios*. Pero ¿cómo se comunica Dios? ¿Por qué lo hace?

Intuición

Para responder estas preguntas, seguiré utilizando ejemplos para que lo entiendas más fácilmente. Estoy segura de que, en algunas ocasiones, has sentido un impulso inexplicable de ir por un camino diferente al que siempre acostumbras a acudir a tu trabajo o a casa de tus familiares. Tomas una rápida decisión en el automóvil y escoges el camino más largo, y esa persona que va a tu lado, te pregunta: «¿Por qué vamos por este camino, que es el más largo? No vamos a llegar a tiempo». Tú, muy tranquilamente, respondes: «No sé, tengo la corazonada de que esta es hoy la mejor ruta». Al llegar a tu destino, compruebas que, efectivamente, el camino que sueles elegir estaba congestionado por un accidente y evitaste un largo tiempo de estar atorado en el tráfico.

Así como este sencillo ejemplo, seguro que has tomado alguna otra decisión respecto a tu negocio, tu salud o tu familia. A este tipo de situaciones las llamamos *intuición*. Todos la poseemos, pero, cuanto más avanzamos en la vida y más se debilita nuestra confianza, más fácil es que ignoremos esta intuición o voz positiva. A esto, súmale todo lo que nos dicen nuestros padres, familiares y amigos, que contribuye a seguir debilitando esa voz. Cuanto menos la atendamos, más debilitaremos el músculo de la confianza.

Unicidad

Dios se está comunicando con nosotros porque, como ya te conté, todos somos Un Todo, y es imposible no mantener comunicación con alguien a quien amas. Supongamos que estás comenzando a enamorarte… Por más que tú quieras, te es simplemente imposible no pensar en esa persona. Estás tranquilamente trabajando en ese proyecto que tanto deseas hacer crecer y, sin más, se viene a tu mente su imagen, y sonríes. Pasan los minutos y ves que te envió un mensaje diciéndote que estaba pensando en ti y que si estás disponible para salir a cenar hoy. Inmediatamente, respondes: «Estaba pensando en ti yo también. Me encantaría ir a cenar contigo hoy. ¿Nos vemos a las ocho?».

¿Cómo es posible que, en el momento en que estabas pensando en esa persona, hayas recibido un mensaje suyo? Eso es una transferencia de pensamiento, y todos en algún momento lo hemos vivido. ¿Por qué ocurre? Porque todos somos Dios, y es imposible no estar conectados todo el tiempo. La única forma de que «te desconectes» es colocando una interferencia entre ambos. ¿Cómo se daría esa interferencia? Poniendo en marcha tus pensamientos negativos o, como te contaba en capítulos anteriores, tus mentiras, esas mentiras, juicios, ideas y pensamientos con los que fuimos creciendo y que activamos de forma automática sin darnos tiempo de rechazarlos.

Voz negativa y voz positiva

A estas dos voces tengo la costumbre de llamarlas *voz negativa* y *voz positiva*, respectivamente. La diferencia entre una y otra es que la voz negativa suele ocultar una historia detrás. Cuando te asalta una duda, por ejemplo, viene acompañada de «no vas a poder porque…», y aquí llegan situaciones de tu pasado, o lo que tus padres te decían, o las opiniones de tus amigos y familiares, etc. Esa voz siempre habla en negativo.

La voz positiva, en cambio, es un pensamiento que te alienta a que vayas por otro camino. No sabes por qué surge ni de dónde proviene, pero tienes la certeza de que está en lo cierto, pero, si te fijas, no hay ninguna historia detrás, no hay ninguna plática, no hay dudas. La voz positiva es concisa, precisa y directa. La voz negativa es una voz con dudas, con una historia detrás, indirecta.

La cuestión con la voz positiva es que muchas veces no la escuchamos, no actuamos fiándonos de ella por las mismas malas experiencias de nuestro pasado. Sorprendentemente, si empiezas a proceder como te aconseja, verás que, cuanto más lo hagas, más información recibirás. Cuanto más recibes, más confianza desarrollas, y se convierte en un círculo ascendente.

En una ocasión, estaba cenando con un buen amigo, meses antes de conocer a mi segundo esposo. Me comentó que quería celebrar su cumpleaños en Acapulco y me invitó ir con él y su grupo de amigos. Tan solo escuché: «Ve». Acepté sin dudarlo y arranqué el motor de la confianza. Pregunté fechas y compré los pasajes de avión. Llegó la fecha y, cuando estaba lista casi para abordar, recibí una llamada de un amigo de mi padre, comunicándome que este se encontraba muy triste, y pidiéndome que lo visitara. Con mucha pena, le informé de que estaba en el aeropuerto a punto de tomar mi vuelo.

Esa sencilla acción que tomé confiando en mi voz positiva me llevó a conocer a mi hoy esposo, y se fueron sucediendo más y más mensajes que me llevaron a estar hoy donde estoy.

Yo le expliqué cómo escuchar a la voz positiva y actuar a un cliente. Días después, me dijo: «Isa, tengo un problema grave con uno de mis negocios. Llegó una demanda legal». Le contesté: «De acuerdo, dime, ¿qué te está diciendo tu voz positiva?». Me respondió: «Que confíe en que este problema se va a resolver». Efectivamente, no solo se resolvió, sino que apareció una nueva oportunidad de negocio y pudo reemplazar lo que había perdido.

A este proceso lo podemos llamar *sumar y no restar*; *sumar* porque, si escuchamos esa voz, nos va a agregar más en la vida; *restar* porque, si interponemos nuestras propias mentiras y voces exteriores, lo que vamos a hacer es restar. ¿Eliges sumar a tu vida o restar?

Ejercicio

Te pido ahora que busques en tu pasado. Trata de recordar momentos en donde tu voz positiva te haya hablado y la hayas escuchado. ¿Qué fue lo que te dijo? ¿Qué hiciste? ¿Por qué la seguiste? Apunta, al menos, tres experiencias. El objetivo es que, desde este instante, fortalezcas ese músculo. El simple hecho de recordar y escribir va a refrescar tu memoria, y eso va a ir callando tu voz negativa.

Capítulo 6
El deseo es la clave de la confianza

Nos criaron con la idea de que desear mucho es malo, que debemos conformarnos con lo que tenemos. Nos amenazaron con que, si no pensábamos así, entonces seríamos ambiciosos o avariciosos, y eso nos impediría alcanzar el reino de los cielos. Incluso nos llegaron a confundir, ofreciéndonos objetos o premios por nuestro buen comportamiento, haciéndonos creer que desear tiene que ir ligado con ser buenos o malos. Por ese motivo, nuestra naturaleza de querer más va disminuyendo cuando vamos creciendo.

Observa a un niño pequeño. Su naturaleza es siempre desear algo más («quiero ir a la nieve», «quiero un juguete», «quiero ir al parque», etc.). No vive con ninguna atadura o

43

mal pensamiento por el simple hecho de desear algo. Cuanto más desea, más experiencias vive y, cuantas más vivencias disfruta, más anhela.

Pues bien, desear algo es un proceso completamente natural que va unido a nuestro propio crecimiento espiritual. No desear es morir, y estoy segura de que no quieres morir, al menos, no en este momento, porque, si no, no estarías leyendo un libro sobre confianza para llegar a tener millones.

Deseo proviene del latín *sire*, que alude a algo que proviene de las estrellas. En aquel entonces, se consideraba que las estrellas eran los dioses, por lo que, si lo interpretamos de acuerdo a nuestro idioma actual, sería algo que llega desde el Padre. Dios o el universo colocó ese deseo de tener más en tu corazón, en tu mente, en tu ser. Esto te lo expliqué al inicio del libro, y es importante tenerlo siempre en mente. Cuando lo ves desde ese punto de vista, te das cuenta de que desear no es negativo, y que, de hecho, está en sintonía con el flujo de la naturaleza. Tu naturaleza es desear. Cuanto más deseas, y más te enfocas en ese deseo, más confianza crece en tu ser, en tu interior, en Dios, en los demás y en la vida.

Cuando una persona tiene el deseo de alcanzar más, como el deseo de ganar el doble o el triple en su empresa o en su proyecto, lo primero que hace es pensar en la meta económica y en cómo va a llegar, es decir, en cuántas ventas necesita hacer, cómo va a lograr importar tal producto o cómo va a darlo a conocer para vender más. En ese instante, el nivel de confianza disminuye considerablemente, ya que están enfocados en *cómo* lograrlo.

Ley de no resistencia. Orden

Cuando tienes un deseo, como aumentar tus ingresos, es indispensable que tu nivel de confianza sea absoluto y, para lograrlo, tienes que comprender la ley de no resistencia. Esta ley dice nos informa de lo siguiente: «Todo en el universo opera en perfecto orden y fluye de acuerdo a las necesidades del Todo. La resistencia a ese orden trae confusión y congestión. Cuando no te resistes al cambio para crecer, experimentas lo que llamamos *facilidad*».

Si te fijas, esta ley menciona el orden. Veamos qué quiere decir. Para explicártelo de una forma sencilla, vayamos con un ejemplo. Tú quieres formar una familia, tu mayor deseo.

1. El primer paso de la creación es desear.
2. El segundo paso es establecer relaciones con personas para ver si alguna es la indicada. En este proceso puede haber decepciones y dolor, sin embargo, el deseo nunca desaparece, simplemente va tomando más fuerza y claridad, a pesar de que haya que caerse y levantarse. Finalmente, aparece la pareja indicada.
3. El tercer paso es tomar la decisión de formar una familia, lo que corresponde a la acción.

4. El cuarto paso es la noticia de que hay un bebé en camino, lo que se conoce como *recibir*.

Como ves, todo se corresponde porque todo aconteció de manera ordenada.

En ningún momento pasaste del tercer paso al primero, o del segundo al cuarto, o del cuarto al primero. Todo el proceso fue siempre uno, dos, tres y cuatro. Puede ser que hayas estado más tiempo en un paso que en otro porque usaras la ley de no resistencia en tu contra, pero los fracasos son parte de la ley, porque fracasar, en realidad, no es negativo, es únicamente un error en el proceso que ya corregirás. Cuanto más sigas avanzando, menos te resistes.

La resistencia radica en querer hacer las cosas exactamente como tú deseas y estimas que es lo mejor, cuando y con quien tú quieres. La resistencia únicamente crea confusión y congestión, dificultando que tu deseo esté ya en tus manos. Cuanto más fluyes con Dios, contigo, con la vida y con tus sueños, más creces.

Si prestas atención a lo que acabas de leer, nunca te aseguré que no fueras a equivocarte, o que no fueras a fracasar. Te mencioné, de hecho, que va a ocurrir, y que eso te da pistas para redireccionar tu ruta. También te avisé de que, si te resistes, vas a complicar las cosas para que ese deseo se haga realidad.

Durante dos años, antes de casarme con mi segundo esposo, mantuve la idea de que formaría una familia con un novio que tuve. Aferrarme a esa idea hizo que mi vida fuera un caos total: mis finanzas, mis ideas, mis sentimientos, mi salud, mis amistades, mis proyectos, etc., todo estaba mal en mi vida. Seguía convencida de que tenía que ser aquel novio. ¿Cómo era posible que, si Dios lo había puesto en mi camino, me lo quitara? No tenía ninguna lógica. Él continuaba hablando conmigo, por lo que, si no fuera para mí, no tendría sentido.

Sin embargo, era así, lo único que estaba pasando era que yo me estaba resistiendo a la idea de que podía aparecer alguien más acorde conmigo. Llegó un momento, después de tanto sufrimiento, en el que ya lo admití: «Bueno, pues ya. Esto no funciona y no voy a seguir». A partir de ahí, todo mejoró rápidamente. Parecía cosa de magia, pero lo único que había pasado fue que me había dejado de resistir. Mis ideas se empezaron aclarar, mi salud física y emocional mejoró, mis metas eran claras y sabía por dónde ir y cómo llegar a ellas. En cuanto dejé de resistirme, empecé a fluir, es decir, empecé a usar la ley de no resistencia a mi favor y todo se ordenó.

Ahora te contaré el caso de Adriana. Me hizo saber que tenía un problema muy grave con su negocio y que sus ingresos estaban disminuyendo preocupantemente. Había leído información mía y quería trabajar conmigo. Le hice una propuesta y me respondió: «No puedo en ese momento, tengo que hacer algo para generar el dinero». Tiempo después, volvimos a hablar. Ella continuaba en la misma situación, pero contrató mis servicios.

Al dar inicio con el *coaching*, sufrió fuertes migrañas causadas por su nivel tan alto de resistencia y miedo. Sin embargo, continuó confiando. Dentro del proceso, descubrió que su nivel de confianza había decaído por una serie de mentiras[1]. No lograba avanzar por su pánico al éxito, generado a raíz de una experiencia de su pasado. Tampoco sus creencias se lo ponían fácil. En el momento en que las sacamos a flote, su confianza aumentó, y su nivel de resistencia bajó a pasos agigantados. Sus ingresos se aceleraron un setenta y cinco por ciento en los primeros dos meses y un trescientos por ciento unos ocho meses más tarde, porque su deseo se había ampliado y ahora quería lograr mayores éxitos.

Si te das cuenta, cuando consiguió incrementar sus ingresos un setenta y cinco por ciento, su confianza creció y, en el momento en que esta aumentó, sus deseos también. Ella entendía que su deseo no era egoísmo, sino que provenía del Padre y que, por lo mismo, podía cumplirlo. Así, no solo duplicó sus ingresos, sino que descubrió que el deseo es la clave de la confianza. Cuanto más crezca, más ganancia, no solo para ella, sino para todos.

---

[1] En el libro *Factor mentalidad. Elimina las mentiras que hacen frenar tu éxito y haz crecer tus ingresos*, lo explico con más detalle.

Ejercicio

En este ejercicio vamos a buscar un acontecimiento en tu vida en donde hayas deseado algo con mucha fuerza y lo hayas logrado. Escribe qué era lo que deseabas y qué fue lo ocurrió desde que lo pensaste. Trata de reflejar todo lo que puedas recordar. Este ejemplo te puede servir:

1. Primer paso. La expresión de tu deseo. «Quiero una computadora nueva».

2. Segundo paso. Los sentimientos que te provocaba. «Podré trabajar mucho más cómodamente y no me dolerá la espalda».

3. Tercer paso. La acción que tomaste. «Voy a comparar modelos y voy a visitar tiendas». «Voy a ganar dinero para comprarla».

4. Cuarto paso. Lo que recibiste. «Ya tengo mi computadora nueva en mi mesa».

Capítulo 7
El idioma de la confianza

¿Te has preguntado alguna vez si la confianza tiene idioma? ¿Qué pasaría si así fuera? ¿Sería todo más fácil si se pudiera aprender? ¿Podrías tener los millones que quieres? Y ¿cómo los quieres? La realidad es que la confianza sí tiene un idioma, y te lo quiero enseñar.

En el capítulo 6, te expuse que la primera ley del universo es el orden, y este se relaciona con los pensamientos. Si no tenemos orden en nuestros pensamientos, no podremos conseguir lo que deseamos.

Tras los pensamientos, vienen los sentimientos, que se expresan con el idioma de la confianza. Esto lo acabas de poner en práctica en el ejercicio del capítulo 6, en el que traté de hacerte ver, de forma intuitiva, qué es la manifestación de un deseo.

Hay cuatro pasos en el proceso de manifestación de un deseo:

1. Pensamiento.
2. Sentimiento.
3. Acción.
4. Resultado.

Parece sencillo cuando lo estamos leyendo, sin embargo, a la hora de ponerlo en práctica y tratar de hablar el idioma de la confianza, todo se nos dificulta. Y, para hacerte las cosas más sencillas, te pido tu colaboración. Piensa en un acontecimiento de tu vida en el que estabas cien por cien seguro de que lo que deseabas era una realidad palpable. Recuerda cómo te sentías, qué pensabas, qué escuchabas, qué olías, qué tocabas, cuál era tu actitud, si sonreías o estabas preocupado, si estabas cantando y descansando o si, más bien, estabas apurado y estresado.

Te puedo asegurar que ese acontecimiento en tu vida en el cual tenías la plena seguridad de que todo fluía y era correcto, de que eso que iba a pasar era ya una realidad, era ABSOLUTO, no había espacio para la duda, te era imposible pensar que no se iba a materializar.

Ese es el idioma de la confianza. Cuando estás seguro, cantando, descansando, actuando relajado, sonriendo, feliz, es cuando estás hablando el idioma de la confianza. Cuando todo está bien en tu vida, te es fácil hablarlo y sentirlo. El problema radica en que, cuando las cosas no funcionan, cuando tus planes no te están saliendo como deseas, olvidas cómo se habla. Confiar no es sencillo, pero puedes aprender a hacerlo de nuevo, como cuando eras un bebé.

Si a ti, de pequeño, no te enseñaron a confiar en los demás y en ti mismo, hablar el idioma de la confianza cuando estás en medio de una tormenta te va a resultar muy difícil, pero si empiezas a desarrollar ese músculo, verás que cada vez te costará menos esfuerzo.

Claves para desarrollar el músculo de la confianza

Existen tres puntos clave que te van ayudar a fortalecer el músculo y a hablar el idioma de la confianza:

1. Hacerte cien por cien responsable de todo lo que pasa en tu vida.
2. Dar lo mejor de ti en todo momento.
3. Tratar a todos con total respeto.

Hacerte cien por cien responsable de todo lo que pasa en tu vida, cuando todo va bien, es realmente fácil, pero cuando las cosas no suceden como esperabas, o cuando alguien más está involucrado, es mucho más fácil y cómodo responsabilizar a otros. Si tienes un problema y empiezas a ver que las cosas no se dan como deseas, tienes dos opciones;

1. Buscar dentro de ti qué fue lo que hiciste o no hiciste para que eso pasara, o incluso cuál fue tu proceso de pensamiento y las acciones que te hicieron llegar a ese resultado. Esto es doloroso, porque lo que menos queremos es admitir que nos equivocamos, pero, cuanto más rápido lo hagamos, más fácil es encontrar una solución. Para lograrlo, solo tienes que hacerte algunas preguntas para cambiar el proceso de pensamiento.

   1. ¿Qué fue lo que hice o dejé de hacer?
   2. ¿Cuál fue mi proceso de pensamiento antes, durante y al final?
   3. ¿Qué puedo hacer para solucionarlo?
   4. ¿Hay algo que pueda mejorar de mí o del problema?

2. Responsabilizar de lo sucedido a los demás o a circunstancias externas y continuar en el mismo sentimiento (idioma equivocado de confianza). Esta opción es la más fácil y la que más dolor causa, porque, al aplicarla, estamos empleando la ley de no resistencia en nuestra contra.

Dar lo mejor de ti en todo momento, es igual si estás cansado, feliz, frustrado o enojado, te hace usar no solo una ley a tu favor, sino varias, por lo que no te instales en el conformismo. Se trata de hacer siempre lo mejor que está a tu alcance y dentro de tu conocimiento. No tiene que ver con el perfeccionismo, ya que este paraliza e impide avanzar. Es hacer las cosas con amor y continuar, es analizar qué hiciste y cómo puedes mejorarlo. Así, al día siguiente vas a lograr un resultado mejor. No te petrificas ni obsesionas buscando la perfección, sino que actúas, y logras dar todo de ti. Esto es hablar el idioma de la confianza.

Y, por último, <u>tratar a todos con total respeto</u>. No puedes andar por la vida tratando a unos bien y a otros, mal. Si dar lo mejor de ti en tu trabajo lo aplicas a las personas, comprobarás lo maravillosa que puede ser la vida contigo y lo fácil que es ser feliz. No importa el color de la piel, la forma de vestir, los zapatos que lleva, la forma de hablar, cómo va peinado o el tipo de maquillaje. Lo único relevante es que todos los seres vivos merecen ser tratados con amor y con confianza. Una de las cosas que he observado de por qué la gente no trata a bien a los demás es porque están tan sumergidos en sus propios problemas que no perciben que el resto también tienen preocupaciones y miedos. Trata de sonreír un poco más y de verte en los ojos de las demás personas y olvídate de ponerte en el lugar del otro, ya que probablemente no conoces su historia.

En una ocasión, yo trabajaba con la idea de encontrar diez cosas diarias que agradecer, sin repetir ninguna de las anteriores. Hice un pequeño diario que llevaba en mi bolso. Todos los días buscaba algo diferente y hermoso para agradecer. Llegó un momento en que me estaba costando encontrar más cosas, porque ya no las podía repetir. Fui a hacer algunas compras, e iba por la esquina caminando y vi a un señor. Le sonreí amablemente y le di los buenos días. Me devolvió la sonrisa y me abrió la puerta de la tienda adonde iba. En ese gesto encontré eso que necesitaba para agradecer y vi claramente que tratar a todos con total respeto puede ayudarte a hablar el idioma de la confianza en toda su plenitud.

Si ahora traspasas estas tres ideas respeto al negocio y, sobre todo, al hecho de ganar más dinero, te darás cuenta de que todo está relacionado. Hacerte cien por cien responsable provocará que analices con amor tus fallos y les pongas solución; dar lo mejor de ti te ayudará a que más gente busque tus servicios; tratar a todos con total respeto causará que tengas lista de espera para trabajar contigo y, por supuesto, cuanta más gente hable bien de ti, más clientes solicitarán tus servicios. Este idioma de la confianza se transformará en crecimiento, en mejores circunstancias, en mejores clientes y en más negocios.

Ejercicio

En una hoja, escribe aquellos acontecimientos que tenías la ABSOLUTA certeza de que iban a ocurrir. Pueden ser ejemplos del tipo «sabía que esta chica que me gusta se iba a convertir en mi novia», o «estaba seguro de que obtendría esta buena calificación en el examen». Comprobarás que ya has hablado este idioma. Ahora solo necesitas recordarlo más frecuentemente.

Confecciona un diario de agradecimiento en una libreta o en tu celular. Puedes incluso marcar una hora y empezar a agradecer diez cosas de tu día. Tal y como hice yo, no puedes repetir en ninguno de los días siguientes los que ya hayas registrado. Si un día agradeciste por tu salud, al día siguiente, semana o mes, no puedes volver a citarla. La finalidad es centrarte en buscar los más mínimos detalles, porque estos te van ayudar a vivir en tu momento presente, y es una forma excelente de desarrollar el músculo de la confianza.

Capítulo 8
Una visión diferente de la fe

¿Alguna vez te has preguntado qué es la fe? Puede ser muy poderosa si sabes qué es y cómo usarla. Me educaron en la religión católica y nunca cuestioné qué era la fe, incluso ni siquiera me habría atrevido a preguntar, porque ese tipo de cuestiones no se formulaban en mi medio ambiente. Ciertamente, no creo que se hubieran enojado conmigo, pero creo que la respuesta que me habrían podido ofrecer se basaban únicamente en sus conocimientos y sus propias experiencias.

Al empezar a estudiar esto, comencé a ver el poder y la necesidad de entender la fe con mayor profundidad. Traté de encontrar una respuesta enfocada no en las experiencias de los demás, sino en lo que realmente es. En mi infancia me

59

criaron con fe ciega y no con fe en el entendimiento, por lo que muchas de mis dudas o inquietudes nunca pudieron encontraron su respuesta hasta hace unos años.

La fe es creer en lo imposible aun sin tener eso que deseas en tus manos. La fe ciega, en cambio, es únicamente creer algo porque te lo enseñaron, porque te impusieron que así era y que no debías cuestionarlo.

Cuando quería quedar embarazada, me di cuenta de que tenía problemas para lograrlo. Como cualquiera que atraviese una situación semejante, busqué apoyarme en mis amistades, tratando de encontrar algo de entendimiento y comprensión. A alguien que no está viviendo una circunstancia así le es muy difícil tratar empatizar con el otro, por lo que es muy fácil juzgar sin fundamentos y desde una fe ciega. En este proceso de frustración, desesperación, miedo, coraje, envidia y muchos otros sentimientos nada positivos para cualquier manifestación, pedí orientación a una amiga que desconocía este sufrimiento por no haberlo vivido. Me dijo, quiero imaginar que para hacerme sentir bien: «Ya, Isabel, dime si quieres que te mande hacer una misa especial para que quedes embarazada». Lo cierto es que no era lo que anhelaba de ella, sino un poco más de comprensión y un hombro en donde llorar, pero a ella le resultaba muy difícil entender un sentimiento por el que nunca iba a pasar.

Su respuesta era fruto de una fe ciega, una fe sin conocimiento que no iba a surtir ningún efecto, porque nadie puede ayudarte a manifestar lo que quieres, únicamente tú eres el creador. Seguro que has escuchado infinidad de veces que el poder de la oración es muy grande, y por supuesto que lo es. La oración contribuye a que la persona por la que se reza pueda encontrar paz y liberar todos los sentimientos que no le permiten manifestar, pero, si no está abierta a recibir esto, es imposible que la oración tenga el efecto deseado.

En ese momento, yo no estaba abierta para recibir. Sentía muchísimo dolor, por lo que me encontraba prisionera en un caparazón que ninguna oración habría podido horadar. Cuando empecé a sanar, permitiéndome sentir esa frustración, dándome la autorización de vivir cada lágrima y sentimiento, todo comenzó a cambiar. Me empecé a liberar, mi cuerpo se relajó, y trabajé con mi mente y con mi cuerpo. Mi fe se fue transformando de una fe ciega a una fe con esperanza, y de ahí se tornó en una fe absoluta.

Puede ocurrir que se todo suceda muy rápido, pero ese no fue mi caso. Sentí gradualmente la certeza de que lo iba a lograr. ¿Cómo? No lo sabía. ¿Cuándo? No importaba. Solo sabía que las cosas se iban a dar. Con esa tranquilidad, indagué sobre diferentes alternativas médicas, desde la acupuntura y medicina natural a tratamientos médicos convencionales para ayudarme con la concepción. Y sí, efectivamente, mi cuerpo estaba en un estado de mayor relajación y mi seguridad seguía aumentando.

Mi músculo de la confianza crecía a mayor velocidad cuanto más tranquila me sentía y, como permanecía serena, podía abrirme a diferentes informaciones para llegar a mi objetivo final, el de poder tener un embarazo saludable y feliz.

Como habrás deducido, te he presentado dos momentos completamente diferentes: uno en donde la fe ciega solo consiguió que me llenara de más rabia y frustración, así como de dolor interno. La fe con comprensión y entendimiento me guio a cambiar la perspectiva, a abrirme a nuevas posibilidades que nunca había considerado antes y, como tenía la certeza de que iba a suceder, mi mente SC no tuvo otra opción más que la de manifestar lo que yo le ordené.

Ejercicio

Cierra los ojos y piensa un pasaje de tu vida en el que estabas frustrado y enojado. Debes centrarte en un acontecimiento que pudiste resolver.

Escribe en un papel ese acontecimiento y trata de que sea con el mayor detalle posible. Describe cómo te sentías cuando no tenías la menor idea de qué hacer y cómo reaccionar, incluso recuerda lo que les decías a otras personas y lo que te contestaban. ¿Cómo te hacía sentir? ¿Por qué te sentías así?

Cierra una vez más los ojos y localiza el momento en el que cambiaste la perspectiva de tu fe. ¿Qué fue lo que pasó, qué te hizo cambiar de idea? A lo mejor fue alguien que te se dirigió a ti de forma diferente, o un libro, o un pódcast, incluso puede ser que te sintieras muy cansado y renunciaras a seguir dedicándote a resolver el problema. ¿Qué ocurrió después? ¿Cómo te sentías? Escríbelo.

Ahora, piensa si fuiste tú el que cambió o si fue la situación. ¿Te sentiste más seguro y eso te impulsó a tener más control sobre tus propios sentimientos? ¿Eso te ayudó a desarrollar tu fe en ese deseo?

Al hacer este ejercicio, certificas que todo lo que te ha pasado en tu vida no es nada más que la propia evolución de tu músculo de la confianza.

Capítulo 9
Olvida lo aprendido y aprende de nuevo

Durante mi infancia, escuché muchas cosas, no de forma directa, pero sí indirecta, del tipo «los ricos son malos y muy egoístas», «no necesitas tantas cosas, tus hermanas te las pueden pasar», «no tenemos dinero», etc. Todas estas frases que oí cuando era una niña me generaron el pensamiento de que no es bueno tener o querer dinero, y de que hay que trabajar demasiado para ganarlo. Al mismo tiempo, tratar de subvertir estas ideas representaba ir en contra de lo que mis padres me habían enseñado, algo que era completamente imposible.

En una ocasión, estábamos charlando mi padre y yo. Me preguntó: «¿Quién te está enseñando eso? Yo no lo hice». Mi respuesta fue: «Los libros que leo». No pudo decirme nada en contra porque era un fiel amante de los libros. Es muy fácil que los padres nos refuten lo que estamos tratando de hacer, porque piensan que es por nuestro bien. No obstante, hay un factor importante que tener siempre presente: nuestros padres nos enseñan lo que saben de acuerdo a lo que sus padres sabían, y lo que sus abuelos sabían, y así, de generación en generación. Sin embargo, décadas atrás no existían ni el conocimiento ni las necesidades actuales, por lo que es de suma importancia olvidar lo que aprendieron y nos transmitieron nuestros padres. Hay que volver a aprender, por nuestro propio bien y el de nuestros hijos. Si no nos enfocamos en olvidar esas mentiras y nos aferramos a seguir con el conocimiento de generaciones atrás, estaremos limitando nuestros resultados.

Quiero poner un ejemplo aún más concreto. Uno de mis clientes se propuso duplicar sus ingresos, incluso más del doble. Comenzamos las sesiones con esa idea, pero un día me confesó: «Isa, no puedo llegar a la meta». Yo le pregunté el motivo. Su respuesta fue: «Llegar a la meta implica tener mucho dinero, y eso va a ir en contra de lo que mi padre me enseñó. No puedo traicionar a mi padre de esa forma. Me va a criticar, como lo hace con los que tienen dinero y, la verdad, eso me dolería muchísimo». Su mente consciente lo avisaba de que eso era completamente ilógico, pero su mente SC le aseguraba lo contrario. Recuerda que, para que puedas lograr cualquier meta, tu mente SC tiene que aceptarlo.

La mente SC de mi cliente no le permitía lograr su objetivo, por eso es tan importante olvidar lo aprendido de nuestros padres, abuelos, etc. Lo bueno de esa experiencia es que supo qué era lo que lo detenía. A partir de ahí, pudimos continuar. Muchas personas no logran descubrir sus mentiras, por lo que les es imposible progresar. Sus mentes SC no se lo permite y sigue preparando bloqueos sin cesar.

Ya sabemos que la mente SC no nos deja avanzar y que no quiere que conozcamos los límites que nos pone, para que no podamos superarlos. También sabemos que tenemos que aprender algo nuevo, pero ¿qué es? ¿Dónde encontrarlo? Debes aprender algo nuevo apoyándote en una verdad universal.

Veamos, por ejemplo, lo que nos leían de pequeños en la Biblia. «Y Jesús dijo a sus discípulos: "En verdad os digo que es difícil que un rico entre en el reino de los cielos"» (Mateo 19:23). Ahora, leamos otro versículo: «Y dijo: "En verdad os digo que, si no os convertís y os hacéis como niños, no entraréis en el reino de los cielos"» (Mateo 18:3).

En el primer versículo, se nos habla de los ricos, pero ¿es verdad que se estaba refiriendo a los ricos por ser ricos? ¿O era una referencia al hecho de que, por aquel entonces, los ricos eran los únicos que controlaban los sucesos y manipulaban todo para su conveniencia personal?

En el segundo, se nos pide que nos convirtamos y que seamos como niños para entrar en el reino de los cielos. Es curioso, un niño hace preguntas de forma constante, quiere más juguetes, quiere tener experiencias, se quiere subir al árbol y ver qué pasa, quiere saber por qué suceden ciertas cosas, busca las texturas que tienen los objetos que no conoce, quiere jugar y divertirse todo el tiempo, quiere reír, tiene miedo y busca cariño y comprensión, no enjuicia, no le importa llorar en medio de la tienda, no se preocupa por hacer el ridículo y que todos lo vean, se cae y se vuelve a levantar y lo intenta las veces necesarias hasta lograr caminar, etc. ¿No crees que, si Jesús dijo que nos convirtiéramos en niños, se refería al hecho de que dejemos de buscar la aprobación de los demás y que busquemos lo que nosotros deseamos, que no nos demos por vencidos y que sigamos avanzando? Desde mi punto de vista, creo que le hemos dado una connotación diferente a lo que nos trataban de enseñar en la Biblia, y que esto mismo nos ha limitado para poder lograr nuestros sueños y metas.

La ley de la relatividad

La ley de la relatividad afirma: «Nada es bueno o malo, grande o pequeño, correcto o incorrecto hasta que lo relacionas con algo». Todas las experiencias que vivimos, ya sean calificadas por nosotros como buenas o malas, no son ni lo uno ni lo otro, solo son experiencias. Nada es correcto o incorrecto. Nada de lo que has hecho, ya lo catalogues como bueno o malo, lo es, porque no lo es hasta que lo relacionas con algo.

Ahora vamos a ver cómo hemos estado usando esta ley en nuestra contra cuando se trata de alcanzar nuestras metas (económicas, de salud, de pareja, etc.). Te lo explicaré con mi propio ejemplo. Yo no soy doctora, de hecho, yo estudié para ser arquitecta. Si yo trato de hacer un diagnóstico médico, es muy probable que sea incorrecto. Mi hermana estudió no solo Medicina, sino dos especialidades, lo que hace que sea una experta y, para ser más precisos, en las enfermedades infantiles de la sangre. Lo más seguro es que ella pueda diagnosticar con mucha más exactitud que yo. Tú apostarías por la experiencia y saber de la doctora, y no por la arquitecta, ¿no es verdad?

Yo podría torturarme con mensajes de este estilo: «Todos confían en mi hermana, es mejor que yo, que solo soy la más pequeña y, además, no soy lo suficientemente inteligente». Te puede parecer absurdo, porque tu lógica, es decir, tu mente consciente, te hace ver que no puedo compararme con mi hermana, ya que ella es doctora con dos especialidades, y yo soy arquitecta. Es absurdo comparar estos perfiles en el supuesto de tener que emitir un dictamen médico, ¿verdad? Sí, efectivamente, estás en lo correcto, pero la mente SC no sabe de lógica. Si te criaron en un ambiente donde las comparaciones se hacían de forma constante, lo más seguro es que surja ese pensamiento, incluso sin que tú quieras, porque la reacción aparece en fracciones de segundo.

Y ¿por qué te cuento esto? Porque yo me comparaba. Me educaron en un ambiente de constantes comparaciones con mis hermanas, y si esa situación rocambolesca hubiera sucedido, mi mente SC habría reaccionado de esa forma. No obstante, habría empleado la ley de la relatividad de forma errónea. La ley de la relatividad te informa de que todo lo que comparas es relativo con respecto al elemento con el que lo comparas. En este caso, me estaría comparando con alguien que cuenta con una larga experiencia en algo en lo cual yo soy ignorante.

Ahora quiero mostrarte el lado opuesto. Si tú quisieras aprender sobre las leyes universales y te plantearas una pregunta, probablemente no sabrías la respuesta. Yo, que llevo más tiempo estudiándolas, sería la persona con experiencia, por lo que podría darte una respuesta correcta. Además, la respuesta automática de mi mente SC sería de felicidad, porque podría ayudar a alguien. ¿Qué habría pasado? La comparación me habría hecho quedar como experta, por lo que el uso de la ley de la relatividad habría sido a mi favor.

Te podrías cuestionar por qué recurro a estos ejemplos, que hasta parecen algo ilógicos. Muy sencillo, lo hago para que sepas que has estado usando la ley de la relatividad en tu contra.

Ejercicio

Cuando se trata de comparaciones...

1. ¿Con quién te comparas? Si puedes ponerle nombre y apellidos, mucho mejor.

2. ¿En qué situaciones te has comparado? Trata de especificar cuanto puedas.

3. ¿Cuántas veces te has comparado? Busca en tu pasado y recuerda acontecimientos en que lo hayas hecho.

4. ¿Dónde aprendiste a hacerlo? Piensa si lo viste en algún familiar, en amigos, etc.

5. ¿Las comparaciones son a tu favor o en tu contra?

En alguno de estos acontecimientos, piensa y escribe si la comparación fue en tu contra porque te comparaste con un experto. Si ese es el caso, ¿cómo podrías revertir esa historia?

Es crucial revertir la historia y hacerlo de forma correcta. ¿Cómo hacerlo? Me basaré en el ejemplo en el que me comparaba con mi hermana. Hay que tratar de revivir el acontecimiento con todo lujo de detalles.

Presta toda tu atención en este punto. Es vital que, en el instante en el que mi mente SC trate de hacer la comparación, yo detenga esa voz.

Le aportaré los argumentos necesarios para que tenga presente lo valioso que soy. «Está claro que el experto es el doctor, y yo no lo soy, así que no tiene sentido la comparación. Qué bendición contar con un familiar con ese conocimiento y ese amor por las personas».

Como ves, la plática interna es muy diferente y, además, estaría utilizando de forma correcta la ley de la relatividad. Yo informo a mi voz negativa de que no tengo razón por la que compararme, porque es ilógico, y busco la forma de encontrar cosas por las cuales estar agradecida con la situación o, incluso, con la persona. Este cambio se relaciona con lo que ya aprendiste del alimento de la SC:

1. Mi plática interna (la puedes repasar en el punto 2).
2. Mis cinco sentidos (si recreo la escena, estoy usando mi sentido de la vista, y la mente SC no distingue entre lo imaginado y lo real).
3. Mis resultados (puedo relajarme, ya que nadie esperaría que yo resolviera una cuestión médica).
4. Mis circunstancias (puedo disfrutar de ejercer en un ámbito en el que sí soy experto).
5. Mi medio ambiente (que estoy cambiando de forma consciente).

Este sencillo ejercicio puede ayudarte mucho más de lo que crees. Si te acostumbras a practicarlo, percibirás que tus resultados empiezan a cambiar rápidamente.

Capítulo 10
Por qué Dios te quiere millonario

¿Alguna vez has reflexionado sobre por qué Dios quiere que seas millonario? En el capítulo 6 te expuse que la palabra *deseo* proviene del latín *sire* (`estrella´). Se creía que los dioses eran las estrellas, por lo que, si lo traducimos a nuestro idioma actual, vendría a significar «del Padre». También te conté que desear más es tu naturaleza. Si quieres tener millones, ¿te has preguntado de dónde te llega ese deseo? ¿Quién lo guardó ahí? ¿Por qué motivo reside en ti?

Hace años, me empecé a hacer estas preguntas y, sinceramente, al principio resultó difícil ver más allá de lo que mis padres me habían enseñado y de lo que la sociedad me mostraba. ¿Por qué sería para Dios importante que yo fuera millonaria?

73

Cuando ya había obtenido mi título universitario y estaba trabajando, había una persona que siempre me buscaba para contarme sus problemas con entorno, y me repetía que ella no era perfecta como todas las personas de su alrededor. En una ocasión, le dije algo semejante a esto: «En realidad, no tienes por qué andar buscando la perfección, tú ya eres perfecta». Su respuesta automática fue: «Solo Dios es perfecto, nadie más puede serlo». Yo le contesté: «¿Qué te hace pensar que no eres Dios? ¿Quién o qué te dice que Dios solo vive en el cielo? ¿Acaso no nos dijeron que Dios habita en nosotros?». Me tildó de arrogante, ya que pensar así significaría que ya nunca más hay que mejorar nada. Yo solo argüí: «Yo elijo pensar que Dios habita en mí y que soy perfecta».

¿Cómo era posible que, sin haber estudiado nada sobre las leyes universales, hubiera llegado a esa conclusión? La idea de que Dios existía en mí surgió en mi corazón como una revelación espontánea. Años después, recordé ese acontecimiento y pensé en cómo había sucedido. La única aclaración que encontré fue que Dios realmente habitaba en mí y se expresó a través de mí. ¿Por qué? Desde mi perspectiva, es porque Dios o el universo siempre está en constante expansión y en continuo crecimiento, y siempre trata de llegar a ser más, como nos transmite la ley de más vida.

El deseo de Dios es que tú crezcas, que yo crezca, porque, cuando disfruto ese crecimiento y entendimiento, puedo hacer más. En el momento en que yo tengo dinero y tú tienes dinero, podemos aspirar a cumplir más sueños y a hacer más. De ese modo, se van a empezar a manifestar más deseos, se van a poder cambiar más vidas, se va a poder donar más, se van a poder dar más avances, etc.

Si reflexiono, la verdad es que yo nunca he visto ninguna ardilla *preocupada* y sentada llorando porque no es un elefante y no es perfecta tal y como es; lo único que yo he visto es una ardilla *ocupada* en recolectar su comida y guardarla para sobrevivir en el invierno, o divertida jugando con sus compañeras. Tampoco he visto a ninguna leona *preocupada* porque su hermana derribó antes a la presa y ella ya no se va a sentar a comer con el resto, porque no es lo suficientemente buena para ello. Al revés, si una leona no caza, hay las otras que también persiguen la presa, y entre todas alimentan a la manada. ¿Por qué entonces nosotros sí nos preocupamos? Porque fuimos criados con mentiras[2].

Tu crecimiento es mucho más que algo que sucede solo para ti y tu familia. Es parte de una expansión que el universo requiere para poder seguir dando más vida. No solo es tu derecho divino ser millonario, sino que es tu obligación serlo. ¿Por qué obligación? Porque viniste a este mundo a cumplir con ciertas tareas que solo tú puedes llevar a cabo. Porque tu crecimiento ayuda a más personas, y esas ayudan a otras, y esto contribuye a la expansión del universo.

---

[2] Así queda reflejado y explicado con mayor profundidad en el libro *Factor mentalidad. Elimina las mentiras que hacen frenar tu éxito y aumenta tus ingresos.*

Ejercicio

Escribe todos tus deseos en el lado izquierdo de un papel: un automóvil de un modelo determinado, de color beis, con interiores negros; un viaje a Tailandia con tu pareja como segunda luna de miel, etc. En el lado derecho, anota de dónde provienen, es decir, ¿surgen de tu corazón o es algo que has escuchado a alguien? Es vital identificar si lo albergas solo por imitar y superar a otros, porque entonces no son tuyos.

En el momento en el que encuentres tus verdaderos deseos, vas a poder volcar toda tu energía en aquellos en los que realmente tienes que hacerlo, los que provienen de tu interior. Esos son los que te van ayudar a obtener tus millones.

Capítulo 11
Cómo empezar a ser millonario

Después de haber visto la importancia de la confianza, de dónde proviene el deseo y por qué Dios o el universo nos quiere millonarios, es momento de empezar a construir nuestra base para lograr esto último.

Las oportunidades y la mente SC

Antes de comenzar, has de entender ciertos puntos importantes. Uno de ellos es que el dinero no cae del cielo como el maná; los millones que buscas llegan a través de oportunidades que se te van presentando para crecer. Estas normalmente aparecen disfrazadas de retos, como una ocasión para invertir en algo de lo que no tienes mucho conocimiento y que tienes que aprender. Otro punto que debes comprender es que, para que puedas ver estas oportunidades como tales, es indispensable que tengas presente que las creencias con las que programaron tu mente SC no te lo van a poner fácil. Debes recordar que la función primordial de tu mente SC es protegerte y ayudarte a sobrevivir. A pesar de que tu mente consciente sepa que los millones no te van a matar, tu mente SC no tiene ni la más remota idea de ello y, si no viviste en un medio ambiente donde había abundancia financiera, para tu mente SC esto deseo significa que estás en peligro de muerte.

Nuestra consciencia ha crecido mucho en las últimas décadas. Conocemos mucho mejor la mente SC y las limitaciones que nos interpone. El mayor problema es que hay gente que invierte mucho tiempo y esfuerzo en tratar de encontrar o eliminar esas trabas para seguir avanzando. Tal y como yo lo veo, esto es solo una distracción más de la mente SC para no permitirte continuar. Cuando empiezas a construir nuevas creencias basadas en el aumento de la confianza y en las leyes universales, el proceso, que antes era complicado y difícil, se convierte en algo mucho más sencillo y hasta divertido. Lo mejor de todo es que podemos empezar con cambios muy básicos.

El alimento de la mente SC

No me cansaré de repetirlo en este libro y en muchas otras partes: tu mente SC se alimenta principalmente de:

1. Tu plática interna.
2. Tus cinco sentidos.
3. Tus resultados.
4. Tu medio ambiente.
5. Tus circunstancias.

¿Qué es lo que escuchas todos los días? ¿Las noticias de la televisión, los vídeos de las redes sociales? ¿O eres tú quien escoge lo que quieres oír, como audios que te muestren una forma diferente de pensar? Hace tiempo entendí que, si únicamente reacciono a los impulsos de mi exterior, es mi exterior el que me va a controlar y a alimentar mi mente SC; si yo, en cambio, decido y vigilo qué escucho y veo, entonces manejo la forma de alimentar mi mente SC.

Algo que ya hace tiempo que practico y que me ha hecho cambiar mucho mis creencias es escuchar audios que me enseñen algo. Cuando llegué a los Estados Unidos a vivir con mi actual esposo, lo primero que hice fue escuchar inglés de forma constante; veía películas con subtítulos en inglés en lugar de en español; trataba de ir a lugares y que mi esposo no me acompañara para que no me ayudara, etc. Así fui acostumbrando a mi mente SC a un nuevo medio ambiente, en el cual el inglés era mi forma de comunicación. Esto lo puedes aplicar a tu meta: si deseas ser millonario, rodéate siempre de personas que dispongan de abundante dinero y lo usen continuamente.

Antes de conocer a mi actual esposo, estuve saliendo con un chico cuya mentalidad me ayudó mucho. Una de las cosas que aprendí con él fue que no importa la cantidad, sino la calidad. Prefería tener dos o tres camisas de muy buena calidad antes que veinte de baja. Cuidaba mucho su medio ambiente, no sé si de manera consciente o inconsciente. Me impresionó cómo cuidaba esos pequeños detalles. Todo estaba en orden (su automóvil, sus papeles, su cartera, su cabello, etc.). Trataba de dar y hacer lo mejor en todas las ocasiones. Siempre se procuraba lo más exquisito, pero no poseía grandes cantidades de nada material.

La otra cara de la moneda se me presentó en forma de colaboradora de mi negocio. A esa persona no le importaba la calidad, sino la cantidad. En cierta ocasión, estábamos en mi casa trabajando y me preguntó si podíamos hacer una pausa y comer algo. Le contesté que por supuesto que sí, que abriera la alacena y buscara. Después de hacerlo, me preguntó por qué motivo no tenía la alacena llena y me comentó que yo me estaba volviendo muy estadounidense. Como yo no comprendía lo que me quería decir, le pregunté qué relación tenía ser de EE. UU. con tener la alacena llena. Ella me respondió que a los norteamericanos no les importa que no esté llena, pero los hispanos siempre tratan de que así sea por si pasa algo. También percibí en otras oportunidades que su pensamiento era de escasez. Prefería poseer mucho a atesorar cosas de calidad.

No tiene nada que ver el país en donde naciste, en realidad. No importa si eres español, mexicano, costarricense o de cualquier otra nación: poseer muchas cosas por miedo a que un día no tengas nada es una mentalidad que no te deja crecer. Siempre seguirás buscando los descuentos para guardar mucho, en lugar de buscar lo que te haga sentir bien y feliz por el hecho de que te lo mereces.

Inmediatamente desde que empecé a salir con ese chico, me vi en situaciones en las que prefería ir a restaurantes que me hicieran sentir mejor, solo por estar en un medio ambiente más propicio, antes que acudir a lugares donde se comen grandes cantidades, pero en los que la comida o el servicio no me gustaran. Cuando comencé esta aventura del emprendimiento y empecé a buscar mis millones y a tener una mentalidad de abundancia, me di cuenta de la indiscutible importancia de estar siempre rodeada de objetos buenos, y no, no importa la cantidad que tengas, importa su calidad. Mi *coach* asegura que es muy importante que viajes en primera clase, y que te trates como de primera clase, porque esta es la forma de alimentar a tu mente SC. Esto te ayuda a cambiar tu plática interna, a sentirte merecedor de lo mejor y, por consiguiente, este es el mensaje que le envías a Dios o al universo. Recuerda que el universo es cien por cien deducible, lo cual supone que solo te da lo que tú le envías. No tiene el poder de decidir si es bueno o malo, pequeño o grande, únicamente vas a recibir lo correspondiente a lo que estás dándole, que, en este caso serían cosas buenas, de valor, porque tú eres una persona valiosa y que merece lo mejor.

En el libro de Napoleon Hill *Piense y hágase rico*, se incluye una historia de un hombre que pasaba por una temporada de dificultades económicas. Estaba preocupado y le consultó a Hill qué hacer respecto a un deseo, que era comprarse un buen abrigo que costaba una gran parte de sus ahorros. ¿Debía comprar el abrigo o debía guardar el dinero para tiempos difíciles? Hill le recomendó que adquiriese el abrigo y que mantuviera su mentalidad enfocada en la abundancia. Eso hizo y, gracias al abrigo, se sintió merecedor de algo bueno, y su autoestima aumentó. Pudo conservar su trabajo, cuando muchas otras personas lo estaban perdiendo, y le aumentaron las responsabilidades y el sueldo. Todo sucedió porque su mentalidad estaba orientada hacia la calidad y no hacia la cantidad, estaba centrada en sentirse bien y no en guardar para épocas de escasez.

Ejercicio

Piensa y escribe en qué momentos de tu vida has preferido tener mucho en lugar de tener de calidad, o has preferido terminar una tarea como fuera que dar lo mejor de ti, aunque te lleve más tiempo.

Estas acciones y decisiones que tomaste, ¿se basan en ideas tuyas o es algo que has aprendido de otros?

Si tu respuesta es que lo has tomado de otros, pregúntate si esas personas lo aprendieron, a su vez, de otras más. ¿De quién? ¿Esas ideas tienen en cuenta las leyes universales?

Capítulo 12
Naciste confiando

Muchos lo llaman *instinto*, otros lo llaman *naturaleza*, pero el nombre no importa. Lo que debes tener presente es que has nacido con el músculo de la confianza, y lo desarrollaste cuando eras tan solo un bebé, y no he visto a ningún bebé que haya acudido a la Policía a denunciar que tiene miedo de que su madre lo esté envenenando con leche materna. Es un sinsentido, ¿no es cierto? De lo que sí estoy segura es de que nunca te habías puesto a pensar cómo es que confía plenamente en que será capaz de respirar, en que sabe que, al llorar, va a recibir lo que necesita. ¿Cómo sabe esto? Porque su naturaleza de es de confianza sin fisuras, incluso podría asegurar que la propia naturaleza es confiada.

Cuando me encontraba en los días previos a dar a luz, pasé una noche entera con dolores muy fuertes y, sin embargo, no había indicios de que mi hija estuviera lista para nacer, porque todavía me faltaba mucho. Mi hija y mi cuerpo me estaban tratando de comunicar algo muy importante, así que empecé a sangrar y me llevaron al hospital. Me hicieron análisis para ver qué ocurría y no encontraban la raíz del problema. Tanto mi hija como yo estábamos en peligro de muerte. El doctor, desesperado por saber el motivo, ordenó que se me hiciera otro análisis, y entonces recordé, como por arte de magia, que todas mis hermanas habían tenido que dar a luz por cesárea, porque sufrieron preeclampsia. Yo desconocía el término médico, pero el hecho vino a mi memoria. Se lo comenté al doctor, y su reacción fue rápida y acertada, lo que logró salvar dos vidas. ¿Como era posible que recordara algo que había sucedido hacía más de diez años? Yo no estaba presente, naturalmente, pero sí se lo había escuchado decir a mi madre. Repito que la naturaleza del ser humano es confiar. ¿Por qué confió el doctor en lo que yo le dije, sin saber si era verdad o no? Porque su experiencia profesional le otorga la confianza para saber qué decisión tomar y ejecutarla.

Tú has nacido confiando, y esto es algo maravilloso, porque te da la clara indicación de que puedes volver a hacerlo. Confías más de lo que piensas, incluso si has tenido muy malas experiencias de vida. Si subes a un taxi, ¿cómo sabes que te va a llevar a la dirección correcta? Porque confías. Si vas a un restaurante porque quieres comer algo, ¿cómo sabes que el mesero o bien el cocinero no te van a servir comida en mal estado? ¿Por qué sales a la calle? ¿Por qué hablas con un extraño? La respuesta es sencilla: porque confías en los demás.

Dos tipos de confianza

Si te das cuenta, cuando te relaté el episodio del nacimiento de mi hija, expuse que hay dos tipos de confianza, la confianza en algo que estaba guardado en mi mente durante años sin ninguna utilidad aparente, y la confianza del doctor en su buen hacer profesional. Ambas se van desarrollando con los años, una conservada y utilizada en un momento crucial y otra, por vivencias profesionales. ¿Puedes imaginar qué habría sucedido si yo no hubiera recordado el problema que habían sufrido mis hermanas? Ahora, supón qué habría ocurrido si yo hubiera confiado en el doctor y en su competencia profesional. Por supuesto, lo más seguro es que no estuvieras leyendo este libro. En el transcurso de tu vida, vas aprendiendo a confiar en cosas pequeñas, que muchas veces ni siquiera has visto, pero en las que algo dentro de ti te insta a que confíes.

Lo mismo le sucede a ese bebé que sabe que su madre no lo va a envenenar con su leche materna, porque algo dentro de ese bebé lo hace confiar. Ya habrás percibido que te he insistido mucho en que la confianza está dentro de ti y en que nace en tu interior. No obstante, muchas personas esperan que surja de su vista y dicen frases como: «Hasta no ver, no creer», o: «Primero tengo que verlo». No saben cómo confiar y esperan que la vista los ayude.

El sentido de la vista

Hagamos un experimento. ¿Te has parado enfrente de unas vías del tren y has visto que las dos líneas se unen en cierto punto? ¿Has visto cómo, en el horizonte del mar, va desapareciendo el barco a lo lejos? Las vías no se unen y el barco no se cae, ¿verdad? Entonces, ¿cómo puedes otorgarle tanta relevancia al sentido de la vista? Lo cierto es que no vemos con los ojos, vemos con la mente.

Los ojos son únicamente un reflector que envía mensajes a tu mente para trasladarle lo que estás percibiendo. Es el motivo por el cual es tan importante para un niño que le repitan las ideas y los nombres de los objetos tantas veces, porque, si solo lo hacen una vez, su cerebro no lo registra, por lo que no va a crear las células de reconocimiento que requiere la mente para tenerlo dentro de su memoria. Por otra parte, los ojos únicamente alcanzan cierta perspectiva, no logran ver desde todos los puntos, por lo que muchas veces la información que se envía a tu mente no es completa, es solo una percepción de lo que ves. Si tratas de fortalecer tu confianza usando exclusivamente tu vista, estás fortaleciendo una perspectiva, pero no una verdad.

En una ocasión, mi *coach* David Neagle formuló una pregunta en un seminario al que acudí. Fue la siguiente: «¿Cuándo han visto a un ser humano caminando por la calle que solo tenga la parte de enfrente de su cuerpo?». Todos nos reímos, porque la respuesta era obvia. Tus ojos solo ven la parte de enfrente de la persona, pero sabes, confías en que está completa, porque tu mente sabe este concepto.

¿Cuántas veces te has dejado engañar por lo que tu vista te dice y no por la realidad del todo? ¿En cuántas ocasiones has tomado una decisión basada tan solo en lo que estás viendo y no preguntando si hay algo más detrás de eso que ves? ¿Cuántas veces has abandonado un proyecto o idea porque tus ojos te dicen que no estás avanzando y no tienes éxito? Han sido muchísimas, ¿verdad? Tantas que ahora te das cuenta de que lo más seguro es que hayas tomado muchas decisiones equivocadas, pero, ojo, no estoy señalándote esto para hacerte sentir mal. Muy por el contrario, lo que quiero es que seas consciente de que, cada vez que has tratado de desarrollar tu confianza, tu mente te ha tratado de convencer de que no hay resultado, de que es mejor que dejes de intentarlo, de que no vale la pena. Se debe a que está viendo solo una perspectiva.

Ahora te voy a explicar la otra parte, y vamos a hacer lo mismo, vamos a experimentar con algunas preguntas. ¿Cuántas veces, a pesar de no ver los resultados en tu vida, sigues y, al final, obtienes el resultado que buscas y puede que hasta mejor de lo que esperabas? ¿En cuántas ocasiones has confiado en una persona, pese a que muchas otras te han traicionado? ¿Cuántas veces has caído y te has vuelto a levantar creyendo que vas a poder lograrlo a la siguiente oportunidad? ¿En cuántas ocasiones has tocado una puerta, incluso aunque te lo hayan negado anteriormente, pero algo en tu interior te dice que lo vuelvas a intentar? Estoy segura de que la respuesta es que muchas; sin embargo, estas respuestas, a diferencia de las anteriores, no son tantas. ¿Por qué? Es sencillo, porque tu músculo de la confianza se va debilitando con el paso del tiempo y, si no sabes cómo fortalecerlo, es muy fácil que te dejes llevar solo por tu vista o tus experiencias pasadas, ya que tu mente SC se encarga de recordarte las ocasiones en que lo has intentado y has fallado y, como no tienes idea de cómo callarla, esa voz negativa empieza a tomar mucha fuerza y no escuchas más tu voz positiva.

Aun así, en tu interior existe ese pequeño bebé que sabe que su madre no lo va a envenenar con la leche materna, existe ese pequeño que se cayó muchas veces tratando de aprender a caminar para fortalecer sus músculos. Dentro de ti esta esa confianza que requieres, solo es INDISPENSABLE que la fortalezcas para poder tener esos millones, o esa vida soñada. Solo tienes que tener presente que, sin esa confianza con la cual has nacido y que se ha debilitado por las experiencias de tu pasado, no podrás lograrlo.

Ejercicio

Escribe alguna traición que te haya dolido profundamente. Después, cierra los ojos y trata de ver desde la perspectiva de esa otra persona. No te cierres solo a tu propia experiencia, date la oportunidad de ver qué pasó, qué experiencias de esa persona conoces que la llevaran a tener esa actitud contigo. Cuando hayas terminado de ver todo eso en tu mente, apúntalo en un papel. Ahora tienes la capacidad de ver otra perspectiva más.

Piensa y anota, a continuación, por qué era importante para ti experimentar ese acontecimiento en tu vida y por qué crees que sería relevante para esa otra persona experimentar ese acontecimiento en la suya. ¿Qué experiencias necesitabas vivir para tu crecimiento? ¿Cómo te ayudó a ti a desarrollar tu músculo de la confianza? Si quieres profundizar aún más, te invito a que hagas lo mismo con otro acontecimiento, siguiendo las mismas preguntas anteriores.

La segunda parte de este ejercicio es escribir alguna experiencia en la que hayas sentido esa voz interior positiva que te indicó que hicieras algo, y a la cual obedeciste, y cuyo resultado fuera que observaste un logro mayor de lo que esperabas. ¿Por qué era importante para ti seguir esa voz en ese momento? ¿Cómo cambió tu vida escuchar esa voz y poner en práctica lo que te indicaba? ¿Qué aprendiste de ese acontecimiento?

Naturalmente, si quieres ahondar más y ejercitar más tu músculo de la confianza, sería importante que escribieras más de un acontecimiento y que contestes sus preguntas correspondientes.

Capítulo 13
La constancia como herramienta de vida

La primera vez que escuché a mi *coach* que debía tratarme como si ya fuera de primera clase para recibir los privilegios correspondientes, no lo comprendí. Su sugerencia fue que debería viajar en la mejor categoría, y su forma de expresarlo fue la siguiente: «Enfrente en el avión y en la parte trasera del automóvil». He de confesar que, al principio, no lo apliqué, porque me dio miedo hacerlo, por motivos como el coste o qué iban a decir de mí, entre muchas otras cosas. La segunda vez que tuve que desplazarme para asistir a un entrenamiento con él, hice todo lo posible por cumplirlo; sin embargo, no lo apliqué en el viaje de ida, pero, para el de regreso, me propuse ver si podía subir de clase en el avión, así que lo logré. Me sentí muy feliz, mas, la siguiente ocasión, volví a no adquirir un pasaje en primera. Mi forma de estar llevando mi vida era muy inconsistente y, por lo tanto, mis resultados, también. ¿Recuerdas que, en el capítulo anterior, te expliqué que el universo es cien por cien deducible? ¿Que recibes todo lo que envías? Esto significa que un día me trataba de primera y, luego, me trataba como siempre.

La ley de la polaridad

Estaba polarizando mi mente, y eso me hacía que obtuviera un resultado que no deseaba. ¿Qué es *polarizar la mente*? La ley de la polaridad nos explica que todo fue creado como unidad, que todo posee un adentro y un afuera, un izquierdo y un derecho, un arriba y un abajo, y que no existen mitades en el universo. Observa la siguiente imagen:

La persona inconsistente salta de un lado de la línea al otro, lo cual genera confusión en su mente y provoca que su plática interna sea de desconfianza. La confianza, como sabes, es clave para que logres esos millones que deseas.

Si visualizaras un día donde gozaras de todo lo que deseas y luego, al día siguiente, no lo tuvieras, ¿cómo te haría sentir? Mal, obviamente. Y lo más probable es que tu plática interna fuera negativa: «No es posible, pero si ya lo logré una vez... ¿Qué pasó? ¿Por qué no alcanzo lo que tanto deseo de una vez por todas?». A continuación, posiblemente, vendría seguido de: «Soy tonto, no sirvo, no soy lo suficientemente bueno e inteligente como mi vecino/amigo/hermano, y no lo merezco». Mucho cuidado, porque, al proceder así, estarías aplicando la ley de la polaridad en tu contra.

Cuando entiendes que todo problema posee una solución, que cada deseo cuenta con una vía para manifestarse, que cada reto trae aparejada una forma de superarlo, que cada enfermedad viene con una cura, que cada recibo incluye una manera de ser pagado, etc., empiezas a plantear las preguntas correctamente. Por ejemplo, si nos centramos en tu deseo de tener millones, y tú solo ves que no los tienes y que trabajas horas y horas, si tienes en cuenta la ley de la polaridad, puedes cambiar tu forma de pensar y reflexionar: «Si tengo este deseo, entonces existe la forma de que se manifieste. ¿De qué manera puedo hacerlo realidad? ¿Qué me falta por hacer? ¿Dónde me he detenido que no me permite llegar a mi meta?».

Una mente polarizada es una mente enfocada en un solo lado de la ecuación, y no puede concentrarse en el otro porque la percepción de dónde se encuentra no le permite mirar hacia allí. Cuando estás atascado en un problema y no tienes forma de moverte y contemplar otras opciones, estás polarizado. Ahora, imagina que una mano invisible te toma la cabeza y la gira ciento ochenta grados: tienes únicamente la posibilidad de ver la solución. Por supuesto, tú en ese instante te ilusionas y afirmas que eso es lo que quieres, pero tampoco esa es la solución, porque tu mente continuaría polarizada, mirando solo un extremo. La clave es posicionarte en el centro para poder ver hacia ambos lados. Así estarías usando la ley de la polaridad a tu favor, que es lo que te va ayudar a obtener los millones que deseas.

La constancia

Muchos piensan que se les puede ocurrir una gran idea y hacerse millonarios muy rápido. Esto es posible, pero no requieres tener esa gran idea: lo imprescindible es ser muy constante con tu pensamiento y que este sea acorde a las leyes universales. Algo muy importante que muchos de mis clientes me preguntan es: «Isa, pero ¿cómo?». Mi respuesta siempre será la misma: «El cómo no es problema tuyo, es problema de Dios».

Contra la constancia trabajan sin descanso las reglas autoimpuestas, fruto de la mente SC. En una ocasión, estaba atendiendo a una cliente que deseaba aumentar sus ventas y, por consiguiente, sus ingresos. Estuvimos trabajando unas semanas y, finalmente, confesó lo siguiente: «No puedo alcanzar mi meta. Si la alcanzo, significa que estaría ganando más que mi esposo, y no puedo hacerle eso. Lo voy a lastimar, además de que a mí me enseñaron que no debo ganar más, que él es el proveedor de la casa». Después de unos minutos de conversación y de

96

tratar de hacerle ver lo contrario, resultó imposible, pues las reglas autoimpuestas eran muy profundas y ella no deseaba cambiarlas. Eso es mucho más habitual de lo que parece.

Yo también padecí exactamente el mismo sufrimiento. Mis creencias me marcaban que no podía ganar más dinero que mi esposo. Lo solucioné hablando con él y estableciendo un acuerdo: si yo ganaba más que él, nos compraríamos una casa de descanso. El pacto me pareció fantástico y me motivó a luchar más aún. La pregunta que te hago es la siguiente: ¿cómo de comprometido te encuentras con tus propias reglas en tu vida y la forma en la que ganas dinero?

Ejercicio

Piensa y escribe por qué sería para ti importante lograr ese deseo que tienes en tu vida.

Basándote en él, piensa, por un lado, cómo eres de constante con tu pensamiento de lograrlo y, por otro, cómo eres de constante cuando se trata de imaginar tu sueño.

Si tu respuesta ha sido «no muy constante», entonces es momento de empezar a crear un plan para corregirlo.

1. Constrúyete un apoyo visual para tu sueño, como fotografías o ilustraciones que representen tu deseo.
2. Crea un hábito diario de visualizar tu sueño. Si es posible practicarlo varias veces durante el día, aún mejor.
3. Establece un plan de meditación que ayude a sostener tu sueño.

Capítulo 14
Alimenta tu futuro y no tu pasado

La mayor parte de las situaciones de nuestras vidas suceden de forma automática y, por ello, es muy difícil que nos dispongamos de forma consciente a alimentar nuestra mente para el futuro que deseamos.

Voy a ahondar un poco más sobre esto. Imagínate de niño aprendiendo a montar en bicicleta. Estás en una loma y vas hacia abajo, y te caes y te fracturas un hueso. Tras haberte repuesto, tus padres te animan a que vuelvas a subir a la bicicleta, pero, aunque tratas de superarlo, sientes mucho miedo. Avanzas un poco y encuentras el equilibrio, así que retomas tus prácticas con normalidad… hasta que llegas a una loma y has de bajarla. Entonces te entra el pánico y decides que es mejor no hacerlo, porque tienes miedo de volverte a caer. Lo que sucede es que tu pasado te está dictando las acciones que puedes tomar en tu presente y, por lo tanto, los resultados de tu futuro.

Todo esto ocurre en fracciones de segundo, y la mayoría de las veces ni siquiera eres consciente de ello, por lo que tus reacciones son automáticas. Tu mente SC está buscando la forma de protegerte de algo malo, pero no sabe que vas a poder alcanzar tu sueño cuando atravieses esa delgada línea del resultado de tu pasado y dejes de actuar en automático.

Las prioridades de la mente SC

Tu mente SC es realmente poderosa. Sus dos directivas predominantes y permanentes son ayudarte a sobrevivir y a reproducirte. Esto significa que está tomando nota constantemente de tus resultados, de las circunstancias, de tu medio ambiente, de lo que ves y sientes, etc., y lo transforma en un mensaje sencillo: «¿Me ayuda a sobrevivir? ¿Me perjudica en este momento?». Si las respuestas son que sí a la primera y que no a la segunda, clasificará el hecho como algo permisible. Por otra parte, si las respuestas son que no a la primera y que sí a la segunda, categorizará la información como algo prohibido y no te va a dar permiso para seguir avanzando.

Es la razón por la que se fuma o se bebe alcohol; a pesar de saber que no es bueno para la salud, si el perjuicio no es inmediato, la mente SC no va hacer nada para detenerte. El quid reside en que, si lo interpreta como algo negativo e inminente, detiene la acción abruptamente.

El pasado como ayuda

Si tomamos esta información a nuestro favor, estudiemos cómo podemos usar el pasado para ayudarnos a lograr nuestros objetivos.

Durante mucho tiempo, no encontraba un empleo en el que me sintiera a gusto más de un año. Además, no podía cancelar mi deuda. En fin, mis resultados no eran precisamente lo que yo estaba buscando en mi vida o, mejor dicho, lo que mis sueños me mostraban. Me sentía frustrada y quería salir de esa situación, así que empecé a usar mi pasado a mi favor para impulsarme.

Mi sueño era trabajar para una empresa y superar el año de contrato, porque mi promedio era de uno y medio. Era imposible que encontrara un trabajo como el que deseaba, porque, para lograrlo, necesitaba ser muy competente hablando inglés, si no, las empresas en las que buscaba un puesto no me contratarían. Comencé a estudiar inglés, pero contaba con el hándicap de mi temor hacia el idioma, a causa de no haber superado un examen de esa materia cuando tenía siete años, como ya relaté. A pesar de ello, tomé la decisión de afrontar mi pasado. Podía ser que se volvieran a burlar de mí, pero

101

eso no significaba que fuera a morir, así que me comprometí a lograr un buen nivel.

Sin pensarlo dos veces, busqué una escuela que se acomodara a mi horario y pagué todo el curso de una sola vez para no darme por vencida. Todos los fines de semana acudía a mis clases y siempre que podía me estudiaba entre semana para ir avanzando lo más rápido posible. Empecé a pasar las primeras pruebas y me sentía más confiada leyendo y escribiendo. Llegó un momento en el cual, ya más cómoda, le pregunté a mi padre algo que no comprendía. Me respondió de una forma que me hizo sentir mal, así que, lo que hice inmediatamente, de forma inconsciente, fue buscar un profesor. Seguí progresando y pude ir forjando mi futuro sin darme cuenta de que lo único que tenía que hacer era vencer mi gran temor a que mi familia se burlara de mí. Mi profesor y yo nos hicimos amigos y charlábamos mucho en inglés de cosas irrelevantes, nos íbamos a tomar un café, escuchábamos canciones en inglés, veíamos películas, me pedía que escuchara o leyera ciertas cosas y luego conversábamos sobre ellas, etc. Esto me hizo sentir más segura, por lo cual fui alimentando correctamente mi mente SC.

Todos fueron resultados que empecé a tener y que alimentaban mi mente SC y me hacían sentir más tranquila al respecto de que no se iban a burlar de mí por no hablar inglés. Ese sueño tan sencillo de tener un mejor empleo me favoreció para ir fortaleciendo mi confianza. Comencé a trabajar para una empresa de seguros con mis propios horarios y continué acumulando confianza. Claro que al principio no fue nada fácil, lo mismo que pasa cuando inicias a montar en bicicleta, así que, en lugar de dejarme vencer por el miedo, hice uso de mis experiencias pasadas para regalarme confianza a mí misma, y esta provocó que otro sueño apareciera en mi camino. ¿Qué tal si, en lugar de estar ser empleada de otro, mejor trabajaba para mí misma?

El temor más grande al comenzar en el mundo de los seguros era que la gente me criticara, porque, para mi padre, no era el mejor trabajo del mundo, así que no se lo comenté a nadie de mi familia más que a mi madre, y completé todo el entrenamiento. Mientras lo cursaba, me repetía a mí misma diariamente: «Si pude sentirme a gusto con el inglés, también puedo hacer esto». En los primeros tres meses no conseguía vender, pero en el cuarto vendí una póliza muy grande y continué con pólizas del mismo valor en los siguientes meses.

Estos logros me ayudaron con otros sueños, como visitar a unas amigas en Europa. Con todo el temor del mundo, viajé sola, repitiéndome: «Si pude con el inglés y pude empezar a vender esas pólizas, puedo hacer esto, claro que puedo». Esa misma actitud me llevó a irme de viaje con otros amigos a una playa de México y a conocer a mi hoy esposo, el cual hablaba muy poco español, por lo que el idioma que más hablábamos era el inglés.

Como ves, un sueño puede impulsarte a ir a lugares nunca antes pensados, pero has de alimentar tu mente SC con acontecimientos de tu pasado que generen confianza en ti y has de desarrollar tu músculo de la confianza.

La forma más sencilla de hacerlo es la siguiente:

1. Ten en mente un acontecimiento de tu pasado en el cual hayas sentido miedo, pero que hayas superado, para que eso te dé fuerza para ir por otro un poco más grande.
2. Mientras estás avanzando para ir por ese sueño, no olvides que constantemente tienes que hablarle a tu mente SC y recordarle que, si pudiste con ese otro, puedes con este nuevo.
3. Si vas progresando, aunque sea un poco, celébralo, apláudete y sigue repitiendo que puedes lograrlo.
4. Si ya alcanzaste tu meta (como en mi caso, que era hablar inglés), ve por otro sueño más, ahora, uno más atrevido, y utiliza ese resultado ya conseguido para apoyarte y conseguir el siguiente.

Para mí, la confianza es un músculo que, fortalecido de la forma correcta, puede darte mucho más de lo que jamás te imaginarías, tal y como me sucedió a mí. Jamás habría creído que, por el hecho de poder hablar inglés, me fuera a cambiar de país, a hablar todo el tiempo en ese nuevo idioma y, lo más importante de todo, que iba a poder ayudar a más personas a lograr sus sueños.

Tu pasado es más importante de lo que parece y, usándolo de forma correcta, es un gran motor para que puedas ser millonario.

Así que ahora es tu turno, y te propongo un ejercicio para fortalecer ese maravilloso músculo de la confianza.

Ejercicio

En una hoja, empieza a escribir lo que llamo *recordatorio de mis éxitos*. Anota las cosas más sencillas que te imagines, como aprender a caminar, a andar en bicicleta, a hacer gimnasia, un idioma nuevo, o tener un trabajo, ganar un concurso, etc. Trata de recordar y anotar la mayor cantidad posible.

Cuando acabes, léela en voz alta todos los días para que tu mente SC tenga presente todos tus logros.

Si aparece un nuevo objetivo y quieres alcanzarlo sin tener que sentirte mal por tus tropiezos, cada vez que tu voz negativa te recuerde los motivos por los cuales no puedes alcanzarlo, lee en voz alta este recordatorio y tendrás a tu disposición las herramientas necesarias para calmar tu mente SC. Ella está buscando la forma de mantenerte vivo, así que recuérdale todos los días que todo está bien y que por ir por este sueño no te va a suceder nada malo. Este es un trabajo de todos los días, por lo que te recomiendo que lo hagas, ya sea en las mañanas o en las noches, pero siempre a la misma hora del día, para reforzar tu músculo de la confianza.

Capítulo 15
La acción como último paso

Algunas personas interpretan que actuar equivale a meditar. Se sientan a meditar, callan un poco su mente y se dan por satisfechos. Regresan a su día a día, a sentirse frustrados porque no consiguen ventas ni resultados. Tan solo envían confusión al universo y, como ya sabes, el universo es cien por cien deducible (es necesario que lo repita, ya que así se grabará en tu mente SC): si envío confusión, recibo confusión.

La ley de causa y efecto

Lo que hacen esas personas que te menciono es poner en marcha la ley de causa y efecto. Esta ley reza así: «Cada causa tiene un efecto, y cada efecto tiene una causa. Cuando entendemos que somos la primera causa, comprendemos que la energía siempre regresa a su fuente original». ¿Qué nos quiere decir esto? Que tu pensamiento es el primer efecto, y este tiene una causa, es decir, un sentimiento que te va ayudar a generar una acción. Cuando entiendes que tú eres la primera causa, comprendes que todo regresa a su fuente original, que, en este caso, se refiere Dios o al universo.

Si tan solo meditas, lo único que sucede es que activas una causa, pero, si, cuando terminas de meditar y vuelves a tu pensamiento automático (el que te insiste a todas horas en lo que te falta y en lo que no posees), lo que ocurre es que activas una causa distinta. Ambas causas se contradicen, por lo que se genera confusión. Esta confusión vuelve a su fuente original, es decir, a Dios o al universo, y como este solo puede devolverte lo que le enviaste, lo que recibes es confusión.

Debido a este motivo, fui muy específica insistiéndote en que es necesario que el pensamiento, el sentimiento y la acción estén alineados en todo sentido. Debes apostar por tener la mayor cantidad de tiempo que te sea posible ese sentimiento activado, al que llegas, recuerda, desde tu elección de pensamiento. Este es el trabajo más difícil que vas a acometer en tu vida, ya que requiere de mucha disciplina mental y, por lo general, eso es de lo que más carecemos.

El cómo no es asunto tuyo

Lo que la mayoría de mis clientes me dicen es: «Isa, pero ¿cómo lo hago?». Tras esa pregunta, esgrimen miles de razones por las que les resulta imposible. Y mi respuesta siempre es la misma, ya te la mencioné antes: «El cómo no es problema tuyo, el cómo es problema de Dios». Esto es lo más difícil de entender, porque estamos acostumbrados a buscar siempre el cómo.

Hice un experimento en mis redes sociales y grabé un pequeño video de trece segundos en donde les preguntaba a mi comunidad qué es lo que les gustaría más, si tener un millón de seguidores o tener un millón en su cuenta del banco. Sabía bien cuál iba a ser la mayoría de las respuestas, pero lo más interesante es que muchas personas me preguntaron por el cómo. Realmente me impresionó, porque no anuncié en ningún momento que les fuera a decir cómo, simplemente pregunté su preferencia entre las dos opciones. Esto te demuestra que la mente SC, de forma casi automática, busca el cómo.

En el momento en que te enfocas en el cómo (y lo peor es que se produce de forma casi automática), estás poniendo la ley de causa y efecto en tu contra. Tu trabajo no es el cómo, sino mantener tu pensamiento centrado en ayudarte a generar el sentimiento apropiado para obtener claridad de acción. Y, aquí, la siguiente pregunta que muchos clientes me lanzan es esta: «De acuerdo, pero ¿cómo sé cuál es la acción que tengo que tomar?».

109

Llegados aquí, hay que reflexionar sobre lo que ya sabemos:

1. No estás siendo consciente de que tu pensamiento sigue en piloto automático buscando el cómo.
2. Entiendo que no sabes cómo, pero, una vez más, recuerda que el cómo no es trabajo tuyo, sino de Dios o del universo.
3. Tu trabajo es simplemente dejarte guiar por tu voz positiva.

La voz positiva y la voz negativa

La persona que sabe cómo dejarse guiar por su voz interna va a llegar a ser millonaria. Personalmente, me gusta llamarla *voz positiva*. La voz que insiste en conocer el cómo, en enviarte mensajes de que no puedes, entre otras muchas cosas más, es tu *voz negativa*. Distinguirlas te va a ayudar a comprender con claridad y a potenciar tu voz positiva.

Tu voz negativa suele ser tan fuerte que no te permite escuchar tu voz positiva. Te habla tanto y tan fuerte que no oyes lo poco que te expone tu voz positiva y, si lo llegas a escuchar, simplemente lo ignoras, porque tu voz negativa te señala que no puedes hacerle caso y que te vas a equivocar. Al seguir esta rutina, la voz positiva pierde poder.

Este es el motivo por el que es de suma importancia que aprendas a fortalecer tu músculo de la confianza. Cuando te das a la tarea de escuchar tu voz positiva y a actuar siguiendo sus consejos, te van a ir pasando cosas que te ayudarán a llegar a tus objetivos. Si recuerdas, te comenté que el simple hecho de que yo escuchara mi voz positiva y tomara un curso me llevó a cambiar de trabajo, lo cual me ayudó a generar una muy buena venta, lo que, a su vez, me animó a viajar a ver a unas amigas en Europa durante quince días, lo que hizo que me sintiera capaz de ir de vacaciones con unos amigos un fin de semana, viaje en el que conocí a mi esposo y, por supuesto, eso me posibilitó venir a vivir a Estados Unidos, lo que generó en mí la confianza para certificarme como *coach*, y así, otras muchas vivencias que me han traído hasta estar aquí y ahora escribiendo este libro para que tú lo pudieras leer.

Puedes leer mi pequeña historia y pensar que es increíble que esto sucediera solo porque escuché y atendí a mi voz positiva. Sí, efectivamente, pero te estás olvidando de que esa voz me siguió hablando y de que lograrlo fue un camino arduo de once años. No significa que tú tengas que esperar este tiempo para lograrlo, porque puede suceder en menos tiempo, pero quiero que tengas en cuenta que empecé a fortalecer mi músculo de la confianza mediante la acción basada en mis pensamientos y sentimientos. Mis pensamientos fueron constantes todos los días y me proporcionaron las emociones adecuadas para decidirme a actuar cuando mi voz positiva me daba la indicación de hacerlo.

En ningún momento pregunté cómo o cuándo, simplemente activé esta fórmula de manifestación y la seguí sin cuestionarla. Desde luego que fui aprendiendo otras habilidades y fui conectándome con más personas, pero siempre fui constante en responder afirmativamente a todas las oportunidades que se me iban presentando.

Hay dos trabajos en la vida:

1. Decirle sí a las oportunidades.
2. Actuar.

El cómo no importa, porque aparece mientras tú vas diciendo sí y vas actuando. Cuanto más haces esto, más información y más oportunidades de decir sí vas a recibir para que tu voz positiva te lleve a tu objetivo final, ser millonario.

El universo te quiere millonario, por supuesto que lo quiere; su tarea es únicamente expandirse, crecer y desarrollarse. Que seas millonario implica que el universo mismo se está expandiendo, por lo que el deseo más grande de Dios es que tengas todo lo que deseas, porque, al obtenerlo, colaboras con más personas para que alcancen sus propias metas. Todo esto va en consonancia con la ley de más vida, que afirma que todo en la vida es para crecer, incluso lo aparentemente malo. Sin confianza, jamás podrás llegar a ese punto. La confianza es el ingrediente secreto de la fórmula de la manifestación. Por suerte o por fortuna, no la puedes comprar en una tienda, pero sí la puedes desarrollar con acciones, si estas están alineadas con tu deseo, tus pensamientos y tus sentimientos.

Ejercicio

Busca un acontecimiento en tu vida que te haya llevado a estar donde estás, algo que te impulsara a superar un miedo de tu pasado y que pusiera en marcha otras acciones que te hayan conducido a tu situación actual. Escríbelo pormenorizadamente, relatando cómo te hacía sentir ese miedo en todo sentido, física, mental y emocionalmente. Anota qué te hizo tomar la decisión de vencerlo y cómo ese hecho te sirvió para dar los siguientes pasos.

Después de haber terminado, léelo. Permítele a tu mente volver a sentir esa confianza y paz por haberte dado permiso para escuchar tu voz positiva.

Capítulo 16
Ábrete a recibir

Después de que hayas comprendido todo hasta aquí y de que hayas comenzado a seguir los pasos que te he contado, aparece momento de empezar a recibir. Podría parecer algo sencillo, pero la mayor parte de las personas no saben cómo recibir, por eso es tan importante que aprendas cómo hacerlo.

Podrías interpretar que recibir se produce cuando ya dispones de lo manifestado en tus manos; no obstante, la realidad es que la manifestación física de tu deseo no es en sí recibir. Recibir va más allá de lo físico. Da comienzo en tu mente (pensamiento), que, por supuesto, te ayuda a sentir algo (sentimiento), y luego aparece el momento de actuar (acción), y aquí, en la acción, viene el secreto más importante que puedo revelarte, que es cómo hacerlo: si no actúas en tu día a día como si lo que deseas ya estuviera presente en tu vida, jamás vas a poder recibirlo.

Cuando yo estaba aprendiendo para hacer mi primera manifestación consciente[3], mi deseo era ganar cinco mil dólares en un mes. En aquel entonces, estaba ganando aproximadamente 500 dólares, por lo que dar ese salto para mí era realmente importante, así que yo estaba dispuesta a hacer todo lo que fuera necesario para recibir ese montante. Me preparé y empecé a actuar todo el día como si esa cantidad ya fuera una realidad.

Lo primero que hice fue confeccionar una lista de en qué iba a emplear ese dinero. Yo tenía que subir a mi automóvil y hacer varios viajes para ir a ver a mis potenciales clientes. Cada vez que entraba en él, le daba las gracias a Dios o al universo por ese espectacular nuevo automóvil que ya tenía. Iba cantando y sintiéndome como si realmente ya fuera mío. El que entonces tenía era uno pequeño que había sufrido algún pequeño choque, y que había sido abierto para robarle algo, así que puedes suponer que no estaba en las mejores condiciones físicas, pero, a pesar de eso, cada vez que yo me subía, agradecía por mi automóvil nuevo y flamante. En mi imaginación, era de brillante color plata con interior negro

---

[3] Una manifestación consciente es aquella en que elegiste trabajar para lograrla. Una manifestación inconsciente es aquella que no escogiste, a sabiendas de lo que estás haciendo, pero en la cual obtuviste lo que deseabas o, incluso, más de lo que deseabas.

y con aire acondicionado. Me sentía como si fuera una gran reina que se desplazaba en su mejor carruaje.

No solo hice eso, sino que también acudí a la agencia donde vendían ese tan ansiado automóvil y solicité probarlo en un modelo de color plata. Me subí y grabé en mi memoria toda esa experiencia. Sentí los envolventes asientos, el olor a nuevo, etc. Recibir no es solo imaginar, sino también actuar basándose en la confianza en que ese deseo es una realidad, así que decidí vender mi viejo automóvil lo más pronto posible porque el nuevo ya estaba aquí. Investigué cómo podía hacerlo de forma fácil y segura. Mi confianza era muy fuerte y yo tenía la plena seguridad de que ese dinero era mío y ya estaba depositado en mi cuenta bancaria. El siguiente paso fue organizarme para ir a visitar a mi mejor amiga a Francia cuando, inesperadamente, otra amiga que vive en Barcelona me envió un correo electrónico y me comunicó que se iba a casar y que esperaba que pudiera asistir. Todo se estaba acomodando, pero lo que no sabía es que yo misma estaba manifestando todo aquello.

Sin pensarlo, confirmé mi asistencia. Mi mejor amiga iría desde Francia hacia Barcelona también para la boda, así que todo estaba en perfecta armonía, y yo me estaba abriendo para recibir toda la abundancia que estaba reclamando. El dinero aún no estaba en mi cuenta bancaria, es más, aún no había cerrado las ventas que requería para lograrlo, pero, aun así, sí iba a Europa. Busqué pasajes de avión y un alojamiento en Barcelona. Me informé sobre qué visitar, porque no iba a quedarme solo para la boda, sino para conocer Barcelona y, después, visitar París, que era mi sueño. Tenía que reservar vuelos desde Monterrey, mi ciudad natal, a Barcelona; de ahí, a París, y de regreso a Monterrey. Además, tenía que ver dónde hospedarme y cómo moverme.

Todo esto lo hice sin tener aún el dinero. En Barcelona no habría dificultad porque mis amigos iban a estar allí, pero en París no tendría compañía. De forma inmediata, le respondí al universo SÍ, sin importar el estado de mi cuenta bancaria y, la verdad, nunca me preocupé de si lo iba a tener o no, porque en mi cabeza no existió la duda en ningún momento.

Todo esto hizo que recibiera en mi cuenta bancaria, en menos de un mes, no cinco mil dólares, sino nueve mil. Me fui a Europa durante quince maravillosos días, en los cuales me divertí con mis amigos, a los que tanto deseaba volver a ver y, ya durante el viaje, volví a recibir otros siete mil dólares más.

La clave es actuar como si ya estuviera aquí y fuera real

Con todo esto que estás leyendo, ¿te estás convenciendo de que abrirte para recibir no es solo decir: «Sí, ya estoy listo, envíame el dinero», sino, realmente empezar a actuar como si ya estuviera aquí? No te olvides, además, de que lo más importante de todo es no albergar ni una sola duda de que es real. Si dudas de que va a ocurrir, no te estás abriendo y, cuando se te presente la oportunidad de hacer algo importante que te acerque a tu sueño, no vas a tomarla.

Cuando empiezas a decirle sí al universo, este no tiene otra alternativa más que responderte sí a ti. No olvides que es cien por cien deducible, y todo aquello que das es lo que recibes. Empezar a actuar como si ya estuviera aquí es comenzar a decir sí, es enviarle la información correcta, es decirle: «YO CONFÍO». ¿En qué? En que mi deseo es tan real como si lo pudiera tocar físicamente.

Lo mismo sucedió en mi vida cuando mi esposo y yo empezamos a buscar una nueva casa para nuestra familia. Vivíamos en un departamento en el noroeste de Portland (Oregón) que ya resultaba demasiado pequeño para vivir con un bebé de un año. Comenzamos a visitar casas sin ninguna idea preconcebida. Todas las noches veíamos *online* casas a la venta para hacernos una idea de los precios. Calculamos cuánto dinero necesitábamos y por cuánto podíamos vender el departamento. El resultado fue que precisábamos más de cien mil dólares. Era una cifra que me parecía enorme, y no tenía la menor idea de cómo íbamos a lograrlo; sin embargo, no nos preguntamos por el cómo (¿recuerdas que no es tu trabajo?), solo empezamos a buscar la casa de las características que queríamos en las zonas que nos gustaban.

No transcurrió mucho tiempo hasta que el universo nos hizo decir sí. La dirección del complejo en donde vivíamos iba

119

aumentar sustancialmente el precio de los servicios, así que nuestra decisión se aceleró más. Era vital movernos rápido, porque no íbamos a estar pagando grandes cantidades cuando podíamos destinarlo directamente a nuestra casa, una más grande en donde dispusiéramos de espacio para toda la familia. Hablamos con un amigo agente de bienes raíces o inmobiliario que nos advirtió de que el apartamento se podía tardar tiempo en vender, pero no dudamos, solo continuamos con nuestra idea y con la seguridad de que se iba a solucionar en breve. En menos de un mes, el departamento se vendió a un mejor precio del que esperábamos. Había que desalojarlo y todavía no teníamos la casa que deseábamos, así que nos pusimos a empacar nuestras cosas y a ver más casas, hasta que llegamos a la que tanto habíamos buscado. Solo había un pequeño problema: no estaba construida, así que teníamos que esperar seis meses, y aun así respondimos SÍ. Estábamos listos para recibir y no íbamos a dejar que nada nos detuviera. El dinero que necesitábamos también llegó a nosotros. Mi esposo cerró una venta por más dinero del que se había figurado, así que continuábamos listos para recibir. Lo único que teníamos que hacer era esperar y buscar un departamento para vivir durante seis meses, mientras se terminaba de construir la casa ideal para nosotros. Un pequeño precio por conseguir un gran sueño.

Abrirte para recibir implica que no te opongas a circunstancias imprevistas o que te causen miedo o inquietud. Si, a pesar de esos sentimientos, le dices al universo que SÍ estás preparado, que todo eso ya es tuyo por derecho divino, así lo será. Recibir es confiar; recibir es dar ese salto al vacío a pesar de tener miedo a las alturas; recibir es decir sí las veces que sean necesarias; recibir es no dudar pese a que las circunstancias te señalen que no vas a poder; recibir es callar esas voces de tus amigos, vecinos y familiares que te aseguran que no vas a poder; recibir es creer a pesar a no tenerlo en tu vida físicamente. Al hacerlo, tu vida a cambiar, no solo porque estás manifestando, sino porque estás desarrollando tu músculo de la confianza.

Ejercicio

Toma un papel y escribe tu sueño o meta, sea el que sea: comprarte un automóvil nuevo, o una casa, o hacer un viaje, o conocer a tu pareja para toda la vida. Focalízate en que sea algo que puedes lograr y que no lleve a tu mente a la duda (no trates de poner un millón de dólares cuando nunca antes has obtenido una cantidad semejante, por ejemplo).

Después, anota las acciones que puedes acometer ya para empezar a decirle al universo que estás preparado. Si quieres una joya espectacular, acude a joyerías de alta gama y pruébate las que deseas; si anhelas hacer un viaje, empieza a informarte sobre el lugar y qué puedes hacer allí, así como el transporte y el alojamiento; si tu deseo es tener pareja, sal a divertirte con nuevas personas, arréglate lindo, etc.

La idea es que empieces a decirle al universo que ya estás listo. La mejor forma de hacerlo es actuar como si ya estuviera aquí.

Capítulo 17
No es cuando piensas

Muchos clientes me comentan: «Isa, lo necesito para mañana», o «quiero que sea este mes». Vaya, malas noticias: no es cuando tú piensas que tiene que ser, sino cuando empiezas a vivir conforme a ese nuevo estilo de vida de forma constante.

Desde mi punto de vista, lo más difícil no es todo lo que te expliqué en los anteriores capítulos, sino el hecho de mantener tu deseo en tu pensamiento y en tu forma de ser de forma automática. Durante muchos años, viviste con pensamientos incorrectos, pensamientos que no te ayudaban a desarrollar el músculo de la confianza, sino que lo debilitaban. La desconfianza es muy fuerte, por lo que, de forma irreflexiva, trata de empujarnos hacia donde no queremos estar y, para poder lograr obtener el dinero que deseamos, es necesario que nuestro pensamiento esté constante en donde deseamos que esté.

Los mejores empleos pagados no son aquellos en los que tienes que realizar las mismas tareas una y otra vez, sino aquellos en los que tienes que pensar y tienes que resolver problemas distintos. Están mejor pagados porque lo más difícil de hacer no es pensar, sino pensar de forma correcta para solucionar ciertas cuestiones.

Estoy segura de que has escuchado eso de «todo en el tiempo de Dios», o algo semejante. No existe el tiempo de Dios. Dios no tiene tiempo, solo tiene uno, y es HOY. Tendemos a exigir que lo que deseamos llegue ya. Bien, pues no llega ya, no porque no puedas, porque no seas capaz o por cualquier otro motivo; no llega ya porque tienes que crecer, tienes que ser más grande que el problema. Imagina a un niño pequeño que quiere una bicicleta y ve a un adulto paseando en una grande y hermosa. Piensa: «Yo quiero una como esa y quiero hacer todo lo que hacen con ella». Sin embargo, es un niño pequeño y la bicicleta es enorme para él. Subirse a ella sería inútil, simplemente se caería y no podría llevarla.

El niño no escucha lo que le explican sus padres: «Hijo, lo que pasa es que no es el tiempo de Dios», o algo como: «No eres lo suficientemente grande para subir en ella», por supuesto que no. Lo que sí va a escuchar de sus padres probablemente sea algo como: «Claro, es una excelente idea.

¿Por qué no te compramos una que sea de tu tamaño para que aprendas a andar en ella y, cuando empieces a dominar y crecer, te la cambiamos?». Esto es lo más lógico. Y, si se le ocurre decir que para finales de mes necesita una de adultos, lo más seguro es que sus padres le respondan: «Esto no funciona así, tienes que crecer para poder alcanzar y poder controlarla».

Así funciona también que te llegue todo este dinero. Te va llegar, no cuando tú quieras, sino cuando tú crezcas (no, no físicamente, sino mentalmente). Para eso, has de permanecer muy vigilante respecto de tus pensamientos, de tus sentimientos, de tus acciones y de tus resultados. Así podrás hacer ajustes, y esto, si me pides mi opinión, puede ser lo más difícil, porque requiere de ti mucha concentración mental y emocional.

La fórmula matemática del fracaso

Es importante que entiendas a la perfección la fórmula matemática del fracaso[4]. Esta fórmula tiene seis componentes, que son:

1. Resultados actuales. Te ofrecen información para que puedas cambiar.
2. Responsabilizar a los demás. El músculo de la confianza requiere que te hagas cien por cien responsable de tus acciones y resultados.

---

[4] La explico detenidamente en el libro *Factor mentalidad. Elimina las mentiras que frenan tu éxito y haz crecer tus ingresos.*

3. No hacer nada para cambiar. Si no estás dispuesto a dejar ir lo que te limita, no lograrás el cambio.

4. No saber usar el poder de elección. Este es tu superpoder, y no usarlo es condenar tu vida al fracaso.

5. Seguir quejándote. La queja es la mejor amiga del fracaso.

6. Programación de la mente SC. Son todas las mentiras que tienes guardadas en tu mente.

Si conoces estos seis componentes y sabes cuándo usar tu poder de elección, cómo no responsabilizar a los demás, qué hacer para cambiar y no seguir quejándote, te vas a dar cuenta de que no tiene sentido que exijas que llegue lo que tú quieras hoy o mañana, porque para Dios no hay otro tiempo más que el presente.

Una de las cosas que yo he puesto en práctica para hacer que todo empiece a suceder «más rápido» es algo tan sencillo como dormir abrazada a mi almohada y soñar que era mi hoy esposo; seleccionar música que me encanta y bailar sola imaginándome que estaba ya con mi esposo; empezar a comprar flores, por lo menos un ramo nuevo a la semana, para rodearme de hermosura y sentir la abundancia en la que vivo; pintar mi casa como me gustaría que fuera la casa de mis sueños; empezar a ahorrar aun sin haber cancelado mi deuda; pagar un poco más del mínimo en mi deuda (cuando la tenía) para sentir que poseía mucho dinero; dedicar un día entero a planear mi vida; jugar con mi esposo y mi hija; ahorrar en un sobre cada vez que recibía dinero para irnos hacer un viaje muy deseado; subir al automóvil e irnos a la montaña solo para imaginarnos que tenemos una casa allí; invitar a nuestros amigos a cenar en un buen restaurante; enviarle un regalo sin ningún motivo a mi suegra solo porque podemos y nos apetece, etc. Estos son tan solo ejemplos de cómo puedes empezar a vivir tu vida como deseas antes de disponer del objeto de tu deseo físicamente. Si no lo haces y esperas a que ese dinero esté en tus manos, jamás lo vas hacer y jamás lo vas a disfrutar.

Crecer mentalmente es confiar en Dios y en que actúas como debes para enviar un mensaje reclamando lo que es tuyo; es dejar claro tu valor al mundo y tu desinterés por las opiniones ajenas; es reír a pesar de la tristeza; es llorar cuando tienes ganas. Cuando das permiso a tus sueños para ser mayores que tu realidad, todo en la vida empieza a caer por su propio peso, sin que tengas que esforzarte demasiado.

Te reto a que lleves a cabo pequeñas acciones en tu día a día, a que pienses qué haría tu *yo* millonario, si se compraría algo barato o algo que realmente le gustara, si actuaría de una forma u otra. Si empiezas a pensar y a actuar de esta forma, tu esfuerzo se verá recompensando con mayor rapidez.

Piensa y confía: Dios te quiere millonario. Aunque no tengas el dinero, sigue adelante, a pesar de que nadie crea en ti y tus sueños; haz esa llamada, pese a que no tengas ningún producto que vender aún. Cuando haces esto, la vida te premia

127

con mucho más de lo que te imaginas. Llegará un momento en el que te escucharás hablando así: «Mi vida no podría ser mejor», y semanas o meses después, de esta manera: «Sigue siendo mejor cada día». Y esta forma de pensar es la que te ayuda a lograr esos millones, porque la abundancia (de pobreza y de riqueza financiera) se inicia en tu mente, que es la que te ayuda a crear ese músculo de la confianza, y es ahí donde realmente los milagros existen.

Ejercicio

Ya tienes claro cuál es tu deseo (de eso se trataba el ejercicio del capítulo 16), así que ahora te voy a enseñar a pensar correctamente.

Contesta las siguientes preguntas:

1. ¿Qué haría si mi negocio generara (la cantidad de dinero que deseas)?
2. ¿Cómo pasaría mis fines de semana si tuviera a mi pareja a mi lado?
3. ¿Cómo actuaría con mi familia si tuviera el dinero que deseo y mucho más?
4. ¿Estaría viviendo en esta casa o en otra? Si tu respuesta es «en otra», ¿cómo sería esa casa?
5. ¿Tendría empleados o no? ¿Dónde estaría mi oficina? ¿Cómo estaría decorada? ¿Cómo actuaría si se me presentara una oportunidad de hacer negocios nuevos?
6. ¿Viajaría en primera clase o buscaría los vuelos más baratos?
7. ¿Estaría atento a rebajas o descuentos, o ya no me importaría?

Cuando empiezas a pensar tomando como guía estas preguntas y, por supuesto, algunas otras, compruebas que es mucho más fácil pensar de forma correcta y olvidarte de que tu sueño debe llegar cuando tú quieres.

Capítulo 18
Primer paso para ser millonario: tu magnífica obsesión

Para poder empezar este proceso de ser millonario, es indispensable tomar la decisión de serlo. Comprendo que esto sea algo difícil de entender, pero he visto en multitud de ocasiones que mis clientes me han dicho que ya habían tomado la decisión, cuando sus mentes SC todavía no lo habían hecho. Continuaban considerando que eso estaba fuera de sus programas, convencidas de que eso era muy peligroso, tanto como para provocar la muerte, por lo que encontraban siempre formas de impedir el avance.

La decisión de ser millonario tiene que ser inamovible. Ante cualquier circunstancia, por más problemas que surjan, tienes que tener claro que tu decisión es siempre la misma.

El diccionario define *decidir* como «tomar una determinación definitiva sobre un asunto». Tu asunto es ser millonario: ten presente que, si no has trabajado para liberarte de tus mentiras, tu mente te va desmotivar.

En cierto momento de mi formación, mi *coach* nos propuso un ejercicio. Nos pidió que cerráramos los ojos y que imagináramos que estábamos cenando y disfrutando con nuestros familiares, vivos y muertos, así como con nuestros amigos más cercanos y más queridos, en torno a una gran mesa bellamente decorada. En un momento inesperado para todos, tomas la copa, te levantas e indicas que vas a hablar. Todos callan y te prestan atención. Entonces, tú les comunicas lo siguiente: «He tomado una decisión y quiero compartirla con vosotros, que sois las personas que más aprecio». Ellos siguen en silencio y escuchan. «He decidido que voy a ser ridículamente millonario». Mira la reacción de todos ellos. ¿Qué te dicen? ¿Cómo te lo dicen?

Al terminar el ejercicio, me sentía incrédula y, al mismo tiempo, corrían las lágrimas por mis mejillas. Mis familiares y amigos me habían dicho que quién me creía yo para lograrlo; hubo quien me tildó de ilusa y también escuché carcajadas.

Gracias a esta práctica, me di cuenta de la gran cantidad de contradicción que había dentro de mi ser. Por una parte, deseaba ser millonaria, pero, por otra parte, no quería que nadie se riera de mí. Debido a eso, mi decisión no era tajante y absoluta. ¿Qué estaba haciendo? Estaba enviando confusión al universo, así que solo se me devolvía confusión. Eso quedaba patente en mis resultados, que eran inconstantes.

Tu magnífica obsesión

Entonces, ¿cómo puedo tomar la decisión y que esta sea tajante y absoluta? Si nunca has experimentado esto, tienes que apoyar a tu mente SC. La manera más sencilla es hacer de esta decisión tu magnífica obsesión. ¿Por qué *magnífica obsesión*? Porque, si un día lo piensas y al día siguiente dejas de hacerlo y permites que la duda llegue a ti, no estás involucrado al cien por cien. Quiero explicarte qué es una magnífica obsesión y cómo lograr trabajar bien con ella.

Imagina que te vas a presentar a un examen final. Estudias día y noche, te preparas para cualquier tipo de preguntas, todo lo tienes preparado. Algunos de tus amigos te aconsejan que te relajes, que has estudiado tanto que todo va a salir bien, pero tú piensas que no debes, que tienes que ser el mejor y alcanzar la máxima calificación porque esa ha sido tu decisión. El día del examen, a pesar del miedo y de los nervios, haces un excelente trabajo. Finalmente, compruebas que tu calificación es la mejor y, además, tus profesores te felicitan calurosamente.

Estás feliz, y no solo eso, sino que tu cuerpo está relajado y sientes tanta satisfacción que piensas que valió la pena cada día que no saliste con tus amigos a divertirte, cada noche de desvelo, cada segundo que te dedicaste a estudiar. Y tus amigos te dicen que sabían que ibas a salir bien, pero que eres un obseso, a lo que respondes: «No soy un obseso, simplemente decidí que quería obtener la máxima calificación, y eso hice». Este supuesto es el claro ejemplo de una magnífica obsesión. Tu trabajo es convertir tu deseo de ser millonario en tu magnífica obsesión.

Voy a compartir contigo qué es lo que hago yo para obtener la máxima calificación para el universo. Me levanto temprano todas las mañanas y trato de cuidar mi alimentación para tener buena cantidad de energía en mi cuerpo y mi mente. Hago ejercicio por la mañana o por la tarde. Leo o, si no puedo por falta de tiempo, por lo menos escucho un audiolibro. Cada mañana, al preparar mi desayuno y el de mi familia, permanezco atenta a conferencias o pódcast que me ayuden con mi crecimiento. Los fines de semana dedico al menos cuatro horas, si no más, a mi estudio. Veo cómo actúan personas que han logrado el éxito, miro documentales y busco cómo operan las leyes universales y cómo me pueden ayudar. Con esto, genero buenos hábitos en mi mente SC.

Lo más importante, independientemente de lo que te acabo de mencionar, es que dedico tiempo a soñar con mis millones: qué voy a hacer, a dónde voy a ir, qué otros negocios voy a arrancar, en qué otro lugar quiero tener otra casa, con quién voy a viajar, a dónde va a ir a estudiar mi hija, qué automóvil voy a comprar y de qué color, etc. Consagro tiempo a pensar en esto, a imaginar mi vida, y siempre estoy haciendo algo para mejorar la actual. Cuido mi medio ambiente con todo detalle, mi casa está siempre limpia, dedico tiempo a quitar cosas que no sirven o que no uso, busco adornos que me hagan sentir más adinerada, etc. Siempre dirijo mi pensamiento hacia donde quiero, pero, sobre todo, oriento mis acciones hacia mi objetivo.

Ejercicio

Es tu turno de tomar tu decisión. Escribe todo lo que vas a hacer con esos millones, cuántos quieres, para qué los quieres, con quién los quieres y cómo te hacen sentir.

Cuando esté listo, haz el mismo ejercicio que hice yo. Imagina la escena en donde les comunicas a todos tus seres queridos que has tomado tu decisión. Anota su reacción. No importa lo que opinen: has tomado tu decisión. Empieza a actuar.

Capítulo 19
Segundo paso para ser millonario: afronta tu pasado

Nadie nos enseña cómo vivir de la mejor manera. La mayoría de las personas vamos corriendo, simplemente tratando de evitar todo lo que nos duele y nos afecta emocional, física y mentalmente. No sabemos qué y cómo hacer para que esos dolores no nos persigan. Hay cientos de libros que recomiendan afrontar el pasado para poder liberarnos y vivir nuestra vida sin limitaciones, sin embargo, la realidad es que duele. Enfrentar el pasado no es fácil, causa emociones que nos hacen daño, así que nuestra mente SC busca la forma de evitarlo, distrayéndonos, enfocándonos en otra cosa más sencilla. Al final, podemos pasar años ignorando lo que tanto miedo nos da, y conformarnos con que es imposible hacerlo.

Dejar ir

¿Cuántas veces no has hecho esto tú mismo? Y, en muchas oportunidades, lo evitas conscientemente. Bien, pues lo cierto es que, para ser millonario, tienes que afrontar tu pasado. Esto consta de dos pasos: afrontarlo y dar paso a la liberación, ya que, si solo lo afrontas, pero no te das permiso para soltarlo, no vas a obtener el resultado que buscas, tanto emocional, como física, mental y financieramente. En su libro *Dejar ir*, el Dr. David Hawkins explica que esto te ayuda en todas las áreas de tu vida, porque expandes tu nivel de consciencia y esto colabora con tu crecimiento.

Al año de divorciarme de mi primer esposo, empecé a dormir muy mal, únicamente dos horas al día. Tenía mucho miedo de sufrir un accidente. Acudí a un psiquiatra para que me aconsejara cómo regular mi sueño, porque lo tenía demasiado alterado. Fui durante seis meses a terapia, tomé medicamentos y pude ajustar mi calidad de sueño. Al terminar mi tratamiento, el doctor me dijo: «Tienes una mente muy fuerte, es un diamante que hay que pulir».

Sin embargo, yo no quería seguir con ese tratamiento, porque había visto a mi padre acudir durante una docena de años, y seguía enojado y triste, así que decidí hacer algo diferente. Busqué algo que fuera más sencillo y rápido, y empecé a trabajar con un mentor para aprender a meditar. Esto me resultó beneficioso hasta cierto punto, pero no me terminaba de sentir bien, ya que seguía con miedos y desconectada emocionalmente.

Un día, sentada en mi cama, me puse a escribir todo lo que sentía, todo lo que estaba sucediendo y, particularmente, todo lo que había pasado y cómo me hacía sentir. Empecé con mi divorcio y por qué me sentía vacía. Le di permiso a mi mente para ir hacia donde quisiera, sin dirigirla. Esto abrió camino para que afloraran también momentos de mi niñez, situaciones que no quería recordar. Salieron a la superficie y los dejé fluir. No puse obstáculos a que salieran todas mis emociones: si sentía enojo por lo que pasó, lo sentía con toda la intensidad posible; si venían la tristeza y las ganas de llorar, les abría la puerta y lloraba. Asumí que cualquier sentimiento era válido y le daba su lugar. Escribí durante horas, cinco hojas por ambos lados, sin ningún orden cronológico, sin fijarme en la ortografía o lo correcto de mi letra, simplemente, escribí. Al terminar, me sentí muy agotada físicamente, pero esa noche dormí como mucho tiempo atrás no lo había hecho.

No escribí durante unos días porque me sentía realmente libre y vacía de sentimientos. Sin embargo, dos días después me forcé a hacerlo una vez más, y volvieron a aparecer recuerdos, incluso algunos que ya había reflejado, pero no juzgué, sino que continué y abrí las compuertas de todo lo que había guardado, dándoles permiso a todos mis sentimientos para que estuvieran ahí. Cada vez que un sentimiento venía, me dolía como si fuera la primera vez, pero, mientras escribía, su intensidad disminuía. En esa ocasión, escribí menos que en la anterior. Volví a hacerlo una vez más días después y, cada vez que lo hacía, escribía menos y les volvía a conceder permiso a esos sentimientos de estar, pero eran cada vez menos dolorosos. Así lo hice hasta que mi necesidad de escribir desapareció.

Comprendí que, en realidad, mi divorcio, mi falta de sueño y todo lo mal que me sentía no era la causa de mis males, sino que eran un efecto de todo lo que guardaba desde mi niñez y adolescencia y que no me permitía dejar ir. Nadie me había enseñado a hacerlo, es más, lo que yo había aprendido era a atesorarlos, porque eso había sido lo que mi padre había hecho, aunque tampoco podía haber actuado de otra forma, porque nadie le había enseñado a él tampoco.

Los niveles de consciencia

Cuando te das permiso para soltar todo lo que guardas de tu pasado, tu nivel de consciencia se eleva, y posibilitas que sucedan más acontecimientos. Existen siete niveles de consciencia:

1. Supervivencia. Se enfoca en sobrevivir y no tiene ninguna visión de futuro, no puede ver más allá de lo que pasa aquí y ahora y seguir viviendo. Este nivel de consciencia es habitual en trabajadores de empresa que se quedan desempleados, o gente sin hogar. Ambos grupos se centran en el hoy. Sus pensamientos están compuestos por drama, crisis y dificultades.

2. <u>Consciencia colectiva o masiva</u>. Se cree todo lo que afirma la mayoría y se siente bien así. Tratar de salir de aquí sería absurdo, porque la gran cantidad de personas que insisten en lo mismo los hace sentirse seguros. De hecho, nos criaron con la idea de que estamos seguros si seguimos a las masas, y estas se rigen por la religión, por la política o por las zonas geográficas, entre otras cosas. La mayor parte de las creencias se basan en este nivel de consciencia.

La necesidad de estar viendo siempre noticias es una clave de que alguien se sitúa en el nivel de consciencia colectivo. La pandemia que vivimos en 2020 es un claro ejemplo, con una gran cantidad de personas aterrorizadas por los números, lo cual impide ver la realidad.

3. <u>Aspiración</u>. Se aspira a tener algo diferente, a ser distinto. Esto es el conocimiento que todo ser humano tiene dentro. Se llama *aspiración*, y puede ayudarte a moverte de la consciencia colectiva a este tercer nivel.

Desear una mejor calidad de vida, desear tener más dinero o mejores cosas y, simplemente, gozar de paz mental es una clara indicación de este nivel de consciencia.

4. <u>Autoconocimiento</u>. Es una de las llaves de la liberación personal. Se sabe quién es uno, qué desea y a dónde puede ir. Es ver hacia dentro en todas las áreas de la vida, comprobar si estás viviendo de la forma en la que realmente deseas o si estás respondiendo a un deseo o creencia de alguien más.

Si se vive tomando como referencia las creencias o los deseos de otros, se regresa al segundo nivel de consciencia. Es imprescindible ocuparse de analizar los deseos internos.

5. <u>Disciplina</u>. La etimología de la palabra proviene de *discípulo*, `ser estudiante de´. Se es estudiante de la propia vida, de los propios deseos, se acepta lo que se tiene y se vigila el nivel de consciencia interno. También se toman decisiones desde la disciplina y se actúa basándose en ella. La disciplina ayuda a moverse hacia el siguiente nivel.

6. <u>Experiencia</u>. Es la retroalimentación de cómo se ha actuado y la obtención de información a partir de ella. Se apoya en la ley de causa y efecto y ofrece la siguiente información para que se pueda seguir avanzando y dando pasos en firme. Es el caso de una información que indica que se está actuando correctamente y se está disfrutando.

Si se desea ser millonario y las acciones están llevando a ganar dinero, significa que estas guían por un proceso para lograrlo, pero, si a la persona no te gusta ese proceso y solo le gusta el resultado, no está usando la forma correcta.

7. <u>Maestría</u>. Muestra que se están haciendo las cosas bien y que no se sufre en ningún aspecto para conseguir el deseo.

Hay que dejar claro que los niveles de consciencia son para cada área; por ejemplo, si tu deseo es ser millonario, tus niveles de consciencia son específicos para ese asunto concreto. Si ya lo lograste, y ahora quieres enfocarte en tus relaciones, entonces tienes que averiguar en qué nivel de consciencia estás con respecto a las relaciones. Hay personas que desean la maestría en un área para dedicarse luego a otra, y existen individuos que prefieren ir moviéndose en todas las áreas de su vida al unísono.

Lo más importante es que, cuando vas avanzando en estos niveles de consciencia, percibes que las oportunidades empiezan a aparecer. Napoleon Hill, en su libro *Piense y hágase rico* lo resume como que las oportunidades aparecen y no las vemos. Mientras estás en los primeros niveles de consciencia, enfrascado en tu realidad y en tu hoy y ahora, el drama te hace imposible ver todas las oportunidades a tu alrededor.

Cuando abandonas esos niveles bajos de consciencia y tomas todo como un aprendizaje, empiezas a ver dentro de ti. Entonces, compruebas que el universo te estaba invitando a subir de nivel y te lo presenta como una buena ocasión. Las personas que no quieren aceptar sus oportunidades son aquellas que siguen en el mismo nivel y que continúan quejándose porque no avanzan.

Te voy a poner un ejemplo personal de los niveles de consciencia. Cuando mi padre falleció, estaba tan enfrascada en su partida que no podía ver más allá. Mi mente estaba pensando exclusivamente en que no podía volver a verlo, en que no iba a abrazarlo o conversar con él, y mi dolor era inmenso. Me sentía en un pozo sin fondo, oscuro y lleno de mucho sufrimiento. Mi sensación era tan grande, y mi nivel de resistencia era tan fuerte que el dolor crecía aún más.

Tanto era así que mi cuerpo entró en estado de *shock*. Horas después del funeral, sufrí una fiebre altísima, y no podían bajarla una temperatura normal. Me tuvieron que meter en un baño de agua helada para poder controlarlo y, cuando bajo la temperatura, pensé que tenía que salir de esa situación. La muerte de mi padre fue súbita e inesperada, por lo que no podía concebir el que se hubiera ido de esa forma. Estaba en el nivel de consciencia 1, que es de supervivencia.

Mientras trataba de dormir para que mi cuerpo se recompusiera, dentro de la agonía escuché la voz de mi padre diciéndome: «Déjame ir, vas a estar mejor. Suéltame». Fue una agonía, pero obedecí y lo dejé ir. Mi cuerpo empezó a relajarse y la temperatura comenzó a ceder. En ese momento, estaba en nivel de consciencia 3, que es aspiración.

A la semana de su muerte, viajé a una playa para descansar y poder dormir. Mientras estaba en esos momentos de soledad, solo recordaba y pensaba lo mucho que lo extrañaba (volvía a nivel 1 o 2), pero me permitía encontrar enseñanzas y el sufrimiento empezaba a disminuir. Alcancé el nivel 4, que es autoconocimiento. Esto duró un tiempo largo, pero me ayudó a moverme.

Durante los siguientes meses, me discipliné en hacer las cosas que tenía que hacer, como mi trabajo, hacer ejercicio, leer y meditar. Esto me depositó en el nivel 6, que es experiencia. Sé que no lo puedo ver físicamente, pero sí dentro de mis meditaciones.

Este ejemplo de cómo puedes ir subiendo de nivel de consciencia en un área lo puedes ir poniendo en práctica con todas las demás.

Ejercicio

En una hoja, simplemente escribe tu deseo en cualquier área de tu vida. Analiza cómo te sientes al respecto, si te ves estancando o no, si realmente es tuyo o si es de tus padres, si lo quieres lograr para darle gusto a otros o si parte de ti. Reflexiona sobre si te comparas con alguien o si estás escuchando a tu corazón.

En otra hoja de papel, anota las experiencias de tu pasado respecto a este punto. Si es respecto al dinero, simplemente permítete escribir lo que piensas de tus experiencias y reflexiona en qué nivel de consciencia te encuentras. Al saber en qué nivel estás, piensa cómo puedes ir tomando decisiones de qué hacer y cómo. Así podrás proseguir hacia los siguientes niveles.

Se trata solo de una autoexploración, pero el hecho de ponerlo en papel ofrece mucha más claridad que si solo lo tienes como un pensamiento en tu cabeza. Cuando sabes en qué nivel estás, puedes empezar a crear alguna estrategia para dirigirte a un nivel superior.

Capítulo 20
Tercer paso para ser millonario: no te compares

Una cuestión que he observado es cómo los usuarios de redes sociales únicamente muestran lo que quieren que la gente vea, es decir, el resultado final. La reacción de la persona que estaba buscando llegar a eso es pensar: «Bueno, pero es que yo no lo tengo», «no sé cómo voy yo a llegar ahí», «no es para mí», entre tantos otros pensamientos de ese estilo. El objetivo del *marketing* es precisamente producir sentimientos, es despertar el deseo en ti de que tú también quieras poseer ese objeto, producto o servicio.

Lo mismo sucede con las estrellas de Hollywood. Muestran un antes de ser famosos, de dónde vinieron, cuáles fueron sus orígenes e, inmediatamente después, exhiben cómo viven hoy,

147

fans persiguiéndolos por un autógrafo y *paparazzi* retratando cada paso. Y no solo son los artistas, sino también los deportistas. Los medios de comunicación se encargan de mostrar el antes y el después para generar las emociones que les interesa. Puedes verlo bien claro en las películas y series, en los anuncios de publicidad, etc.

El problema es que, como tu mente está tan enfocada en lo que no tienes, en pensar que no eres capaz, que empieza a generarse un sentimiento contrario a lo que la gente quiere, que tiene su origen en la comparación. Compararnos está fuertemente enraizado en nuestra sociedad.

Cuando ves a una persona con un determinado estilo de vida, triunfando en los negocios, en las relaciones, con su físico, etc. lo primero que haces, por la forma en la que se nos ha educado, es compararte con lo que no tienes y con lo que no eres. Eso atrofia tu músculo de la confianza.

No te sientas mal por esto. No eres la única persona que actúa así. Yo también lo hago, y muchas veces no me doy cuenta hasta más tarde. Cuando creé mis cuentas en las redes sociales, empecé a seguir a personas de las que quería aprender y, en lugar de eso, lo primero que hacía era pensar: «Esta persona tiene cientos de miles de seguidores y yo solo tengo unos miles». E, igual que ese pensamiento, han pasado muchos por mi cabeza durante muchísimo tiempo.

Todas esas comparaciones provocaban en mí compasión por mí misma, justo el efecto contrario al que deseaba. Yo sola me estaba convirtiendo en una víctima de mis propias circunstancias y de mis propios resultados. ¿Cómo una comparación me estaba ayudando a convertirme en una víctima? En el momento en que yo me comparaba con esa persona que disfrutaba el éxito que yo estaba buscando, de forma automática (en fracciones de segundo), mi mente me recordaba todas las razones de por qué no podía lograr lo que esa persona había alcanzado. Los mensajes de mi mente SC eran de este tipo: «Bueno, lo que pasa es que es estadounidense y tiene una ventaja sobre mí. Además, trabajó con Tony Robbins y solo por eso cuenta con más contactos que yo. No tengo la menor idea de qué es lo que tengo que hacer. Yo apenas he llegado a Estados Unidos. Definitivamente, jamás podría llegar a ser esta persona, no tengo lo que se necesita».

Una comparación como la que te acabo de mencionar me ayudaba a ver todo lo que no tenía y todo lo que me hacía falta. Esos pensamientos, que se desencadenaban uno tras otro, me hacían convertirme en la víctima de mis propios pensamientos. Hice esto infinidad de veces, y probablemente tú también lo haces de forma constante, porque nadie nos dijo cómo nos afectan estos pensamientos. Yo puedo asegurarte que, si en algún momento tus padres te dijeron que no te compares con los demás, jamás ampliaron la explicación con que, en el momento en que lo haces, tu mente suelta un tren de pensamientos que te ayudan a confirmar que no mereces lo que deseas. Si lo hubieran hecho en su momento y de forma repetitiva, no tendríamos la necesidad de desarrollar el músculo de la confianza.

La ley de la relatividad

Lo que me hizo dejar de compararme y, por tanto, de convertirme en la víctima de mis propios pensamientos y sentimientos fue entender la ley de la relatividad, que declara lo siguiente: «Nada es malo o bueno, pequeño o grande, correcto o incorrecto hasta que lo relacionas con algo». ¿Qué significa esto? Muy sencillo: lo que nos pasa en la vida no es bueno ni malo, correcto o incorrecto, pequeño o malo: simplemente es y, cuando lo relacionas con algo, le adjudicas una etiqueta.

Vamos al ejemplo mío en el que te contaba qué pensaba yo de las personas a las que seguía en las redes sociales. En el instante en que yo veía los miles y miles de seguidores que tenían, yo comparaba ese número con los míos y, naturalmente, salía perdiendo. La realidad es que el hecho de que esa persona tuviera miles de seguidores no significa absolutamente nada para mí ni para el universo y, por supuesto, no quiere decir que yo no pueda conseguirlo. Mi mente SC hacía una relación y viendo un número grande comparado con el mío. Si esa persona tenía más de cien mil seguidores y yo apenas tenía mil, el número que yo veía era inmenso. Sin embargo, no estaba siendo consciente de que ese experto contaba con más de diez años de experiencia con su empresa, que estaba respaldado por un presupuesto que lo ayudaba a ser más visible, etc.

Mira la siguiente imagen:

Si le enseñas a alguien el rectángulo más grande y solo le muestras ese, no tendrá nada con que compararlo; si le enseñas a otra persona el mediano y el más grande, podrá ver la diferencia de tamaños y compararlos; igual va a pasar si se le muestras los tres a otro, o bien únicamente el mediano y el más pequeño. Como parece obvio, todo es relativo, depende del rectángulo que tome como referencia y de con cuál establezca la comparación, pero, si únicamente presto atención a uno, no hay comparación posible. Cuando logré comprender esta ley en su inmensa hondura, me di cuenta de que estaba comparándome y de que no tenía por qué hacerlo, porque cada persona es completamente diferente, con experiencias, actitudes y aptitudes distintas.

Cuando yo llegué a Estados Unidos y tenía que hablar con los estadounidenses en inglés, les comentaba desde el inicio que el inglés era mi segundo idioma y que les pedía que fueran pacientes si les pedía que me repitieran algo que no entendía. Al terminar de decirles esto, les decía que yo no hablaba inglés como ellos, pero seguro que sí hablaba mejor español. Todos se reían y me respondían: «Tienes toda la razón». Lo que hice, sin saber que lo hacía, era emplear a mi favor la ley de la relatividad. Yo no era tan buena como ellos en su idioma, pero ellos no eran tan buenos como yo en el mío. Con eso, toda relación y toda comparación queda fuera de todo juicio, por lo que mi resultado para hablar inglés fue mucho más rápido.

La ley del pensamiento preciso

Al mismo tiempo que estaba usando la ley de la relatividad para aprender inglés, también estaba usando otra ley subsidiaria de esta, la ley del pensamiento preciso, que expresa lo siguiente: «El pensamiento es aprender a pensar basándose en la ley de causa y efecto. Una vez que entiendo esto, puedo ganar conocimiento y convertirme en el creador de mi vida».

¿De qué forma estaba usando correctamente mi pensamiento? Cuando eliminaba la presión de la comparación sobre mí y le hacía ver a esa persona que, si yo no era buena hablando inglés, él o ella no eran buenos hablando en español, despojaba a mi mente SC de cualquier poder de convertirme en la víctima de mis propias circunstancias. También les pedía que me corrigieran si decía algo mal, porque quería aprender a utilizar el idioma correctamente. Nunca voy a hablar como un nativo, pero ya no tengo ningún problema para aceptarlo y, por el contrario, me siento muy orgullosa de mi acento, ya que eso me hace única.

Nadie nos ha enseñado a pensar correctamente, nadie nos explicó: «Mira, es mejor que pienses así, porque te va ayudar a crear esto de forma mental, lo que te llevará a esto otro, que te hará alcanzar el éxito por el cual has venido a este mundo». Esto sería algo ideal, sin embargo, lo único que podemos hacer ahora es empezar a pensar de forma precisa y a entrenar a nuestra mente a elegir cómo debe pensar y, así, ir corrigiéndola y ver a qué resultados me lleva a mí para poder seguir perfeccionándolo. Me ha costado años cambiar mi forma de pensar; no obstante, cuanto más la entreno, más novedades descubro y más fácil es ver esto tanto en mi persona como en cómo piensan mis clientes.

Habrás oído que eres el promedio de tus cinco amigos más cercanos, ¿verdad? También que, si te juntas con personas triunfadoras y con mucho dinero, tu posibilidad de conseguir tus millones va a ser mucho mayor. Pero, cuidado, por más que estés rodeado de personas que piensen diferente y que piensen correctamente de acuerdo con las leyes universales, si no actúas y no entrenas tu mente de forma correcta, no vas lograr el resultado que deseas.

Un pensamiento no nace por sí solo, sino de tus experiencias, de tu pasado y de lo que has aprendido, así que tú has actuado teniendo en cuenta esos pensamientos. No por leer este libro todo va a cambiar, tienes que seguir los consejos y realizar los ejercicios para que, a través de la práctica, tu forma de pensar sea más precisa hacia las leyes universales.

Este tercer paso te va a hacer acelerar el proceso de ser millonario, pero solo si tú actúas, si entrenas tu mente y permites que tus pensamientos viejos y obsoletos desaparezcan, apoyándote en la práctica y repetición de los nuevos.

Ejercicio

Escribe pensamientos en los cuales te has comparado con otras personas, y recoge todo lo que pasaba por tu mente en ese momento, así como lo que te hacía sentir, cómo te estaba ayudando a ser víctima y de qué forma te sentías después de pensar así.

Al terminar, usa la ley de la relatividad y anota cómo puedes cambiar esa perspectiva y utilizar, al mismo tiempo, la ley del pensamiento preciso.

Capítulo 21
Cuarto paso para ser millonario: manifiesta correctamente

Muchos de mis seguidores de las redes sociales y mis clientes me preguntan: «Isa, ¿cómo hago para manifestar lo que deseo?». Y muchas veces lo he dicho y muchas más veces lo voy a volver a decir: antes que nada, tienes que saber cuál es la fórmula para lograrlo. No se trata de solo pensar y todo se da como en los cuentos.

Existen cuatro puntos en la fórmula para manifestar:

1. Pensamiento.
2. Sentimiento.
3. Acción.
4. Resultado.

No puedes saltarte ninguno y no puedes cambiar el orden, porque aquí sí que el orden altera el producto.

Pensamiento

Dedicamos mucho tiempo a pensar, pero la mayor parte de las veces nuestros pensamientos son reacciones a acontecimientos, circunstancias o personas que están en nuestra vida. Hay cierta confusión, porque hay personas que te dicen que tienes que ponerte a afirmar, y la realidad es que no es mala idea, no tengo nada en contra, solo que se les olvida algo o, mejor dicho, no lo saben: los pensamientos existen como capas. Una cebolla tiene capas, y tus pensamientos, también. Las que están en el centro son las que te ayudan a manifestar, no las que están en la superficie. Una afirmación es un pensamiento que se localiza en las capas superficiales, por lo que es muy difícil que una afirmación, por sí sola, sea capaz de manifestar lo que deseas.

Te voy a poner un ejemplo. Imagina que empiezas a decir algo así: «Yo soy millonario y soy muy feliz por ello», o bien: «La abundancia llega a mí de forma constante y por todas partes». Observo algunas cuestiones aquí:

1. Estas afirmaciones son demasiados imprecisas, por lo que tu mente SC no hace nada con esta información. A tu mente SC tienes que darle información muy determinada para que pueda sentir seguridad y dar una orden a tu mente consciente.

2. Por esa imprecisión no se genera un sentimiento adecuado (que es el paso número 2 de la fórmula). Puedes tener pensamientos como: «Pero ¿no estás viendo cómo estamos? Déjate de tonterías», o «sí, claro, mañana lo logramos». El sentimiento no es de seguridad y confianza, que son los necesarios para que puedas crear cualquier manifestación en tu vida.

3. Al estar repitiendo de forma constante y no ver nada de resultados, tu mente SC va a tener suficientes armas para continuar con la plática interna negativa y te va a decir que no puedes, que siempre haces lo mismo, que eres un inútil, etc.

4. No tienes conocimiento de las leyes universales, por lo que no sabes que ya eres abundante y no requieres abundancia, sino riqueza financiera. La abundancia presenta dos lados. Uno es la pobreza, y otro, la riqueza financiera. Tú eres abundante, pero no lo sabes. Tú eres abundante de problemas o de falta de dinero. Tu trabajo es aprender las leyes universales y comprender cómo usarlas.

5. Un pensamiento por sí solo no tienen mucho poder. ¿Cuántos pensamientos tienes en el día que no se llegan a manifestar? ¿Cuántas veces pensaste que podías sufrir un accidente y, a pesar de eso, saliste a la calle y no pasó nada? Un pensamiento por sí solo no tienen mucho resultado, por lo que las afirmaciones como tales no te van a ayudar mucho.

Como ves, no estoy al cien por cien a favor de las afirmaciones. No son el primer paso de la fórmula de la manifestación. Lo más importante es tu pensamiento basado en tu meta, eso que realmente quiere lograr. La mayoría de mis clientes repiten lo mismo al iniciar el trabajo conmigo: «Quiero ganar más dinero para tener mejor calidad de vida». Es excelente, es un deseo realmente bueno, pero mi siguiente pregunta es: «¿Cuánto deseas ganar y para qué?». En el momento en que les planteo la pregunta, pocos me saben decir la cantidad exacta que necesitan. Esa pregunta es la que te va ayudar a tener los pensamientos correctos que necesitas para poder manifestar el dinero que deseas.

La mayoría de las personas piensan que quieren un millón, pero, en realidad, ni siquiera saben si quieren el millón y para qué lo quieren, se les hace fácil pensar ese número porque es un número atractivo, pero ¿te has puesto a pensar cuánto necesitas realmente y para qué? Haz una lista de que todo lo que precisas en tu vida: tu casa, tus deudas, escuelas, inversiones, pagos de servicios, empleados, viajes, ahorro y beneficencia. Con ello, crea un pensamiento de cuánto dinero quieres. Cuando tus pensamientos son focalizados, es mucho más fácil usar de forma correcta esta fórmula de la manifestación. Ten presente SIEMPRE que, cuanto más específico sea tu pensamiento, mejor.

Sentimiento

Una vez que dispones de ese pensamiento focalizado, puedes generar un sentimiento o emoción. Si tu pensamiento es vago e impreciso, es muy fácil que te empieces a sentir frustrado y enojado porque no funciona. Al proceder así, estás generando un sentimiento equivocado y, como el universo es cien por cien deducible, solo te puede dar lo que tú le entregas, y solo te va a proporcionar más problemas para que tú te sientas aún más frustrado y enojado y no obtengas ese dinero que deseas tener.

Pongamos, por ejemplo, que deseas tener cincuenta mil dólares al mes. Piensas: «¿Por qué quiero ese dinero mensual? Porque lo que deseo es vivir en Nueva York, y ese dinero me va a pagar el departamento, los automóviles y viajes que deseo, así como las escuelas de mis hijos. Es el estilo de vida que sueño tener». Lo que estás haciendo es ser muy específico y enfocar tus sentimientos de forma correcta. Tu solo pensamiento de verte viviendo en Nueva York te cambia tu forma de percibirlo todo, te hace sentir contento e ilusionado, por lo que estás generando el sentimiento correcto.

En el lado opuesto, cuando piensas en lo que no tienes («no tengo dinero para pagar mis deudas y mi renta»), lo primero que te llega es un sentimiento de frustración, preocupación y enojo. No puedes dormir, y todo tu cuerpo está tenso, por lo que tus emociones son las emociones incorrectas y, como te acabo de explicar, el universo es cien por cien deducible, así que solo puedes recibir lo que estas enviando; frustración, preocupación y enojo. Se empieza a generar un ciclo negativo en tu vida y no tienes la menor idea de cómo salir de él.

Siempre es importante tener presente que los pensamientos son los generadores de sentimientos. Sin un pensamiento, no pue-

161

do generar un sentimiento. Por eso expuse que un pensamiento por sí solo no tiene mucha fuerza, porque requiere tener un sentimiento anudado para generar la fuerza necesaria que te eleve al siguiente paso de la fórmula de la manifestación.

Acción

La acción es el caballo de batalla para la mayoría de las personas con problemas. Ciertamente, también para mí, pero ahora tengo la fortuna de entender más y poder corregirlo más rápidamente. ¿A qué me refiero con la acción? Muchos piensan en que es la propia acción la que posee el valor, y no es así: tu acción siempre tiene que estar cien por cien alineada con tus sentimientos y con tu meta. Si, por algún motivo, no lo están, tu manifestación va a ser mucho más difícil, y aparecerá la rabia por no poder lograr tus objetivos.

La mayor parte de las veces, las acciones que tenemos que llevar a cabo son repetitivas. Un ejemplo claro es que, si quieres tener un cuerpo esculpido, has de hacer ejercicio específico todos los días, comer proteínas y tomar mucho líquido para poder marcar los músculos de forma correcta. Si quieres marcar brazos y espalda, has de hacer ejercicios para la espalda y los brazos; por más que hagas ejercicio para las piernas, jamás vas a lograr brazos y espalda marcados.

Lo mismo sucede con la manifestación. Si quieres ser millonario y actúas, por ejemplo, proponiéndote tener miles de seguidores en tus redes sociales, pero no haces nada por mejorar tus habilidades de ventas, jamás lograrás tus millones. Del mismo modo, si te decides a estudiar y practicar para ser mejor vendedor, pero no tienes nada que vender y no te pones en marcha, jamás llegarán tus millones. Muchos piensan que por solo estudiar van a obtener el resultado, pero requiere que practiques y practiques cientos de veces, y necesitas sacrificar muchas veces lo más importante que tenemos: el tiempo. Si tienes que dejar de lado salidas con amigos para estudiar o levantarte muy temprano para tener tiempo de gestionar tus asuntos pendientes para poder generar dinero, aquí viene el problema, porque muchos no están dispuestos a lograrlo.

Si quieres ser millonario, requiere acción muy focalizada; a su vez, la acción necesita estrategia. La mejor estrategia va a ser la guía que recibes de tu corazón, tu intuición, que siempre es la mejor. Yo dejé de escucharla, y no sabía cómo empezar a tener éxito. Poco a poco, me dejé llevar por mi voz positiva, que me decía qué hacer y cómo hacerlo. Al empezar a actuar, ella me indicaba cómo. «Toma este curso», y ese curso me llevó a obtener mis primeros resultados. Después me dijo: «Vete de viaje», y fue cuando conocí a mi esposo. Luego me señaló: «Ve y estudia este otro curso», y eso me hizo convertirme en *coach*. Se fue creando una continua guía que siempre me lleva a más y más en mi vida. Es igual en tu caso, pero, si no te permites actuar fiándote de ella, entonces va a ser imposible que obtengas los resultados que buscas.

163

Resultados

Este es el último paso de la fórmula de la manifestación. Muchas personas piensan que los resultados van a llegar de forma mágica, pero una manifestación lleva tiempo. Esto se debe a que todo en la vida tiene un periodo de gestación, y a su ley correspondiente, que es la ley de gestación.

Desde que empecé a estudiar sobre las leyes universales, me gusta observar la relación que guardan con la naturaleza. Una forma sencilla de explicarte la ley de gestación es esta: cuando un limonero está creciendo para producir su fruto, los primeros años solo se dedica a crecer y a fortalecer sus ramas, así como a enseñar sus frutos. Estos primeros ensayos lo ayudan a saber qué es lo que tiene que hacer, porque el fruto no es bueno, así que se desecha. Cuando ya ha dado frutos varias veces, empiezan a ser de la calidad deseada, y logra el resultado que buscaba, su propósito de vida.

Lo mismo sucede contigo y tu éxito. Los primeros años de emprendimiento, básicamente estás ensayando para lograr el resultado que buscas. Pero, si la primera vez que lo intentaste te diste por vencido porque no lo lograste, jamás vas a llegar a tu objetivo final. Tienes que tener siempre en mente que es solo un ensayo. Esto suprimirá mucha presión. Pensarás de forma correcta y generarás un ciclo de pensamientos, sentimientos, acciones y, por supuesto, resultados que, al final, te van a llevar a esos millones que tanto deseas.

Sé que todo esto que acabas de leer te suena muy sencillo, pero a la hora de ponerlo en práctica es cuando tienes que tenerlo siempre presente y entender esto que te acabo de decir para que no vuelvas a caer una vez más en la trampa de tu mente SC de que no eres lo suficiente o capaz para lograrlo. Esta fórmula tiene que estar siempre a la vista y en tu mente para que sea efectiva.

Ejercicio

Calcula la cantidad de dinero que realmente deseas ganar para el estilo de vida que deseas: la renta, la escuela, los servicios, el ahorro, las inversiones, los viajes, absolutamente todo. Investiga los costos.

Cuando lo hayas terminado, pon todo esto en una lista que te ayude a tenerlo en mente. Si puedes crear una pizarra de visualización con todos estos objetos o deseos, hazlo, porque te ayudará a crear una emoción correcta y enfocada. Sigue cualquier intuición que tengas, y ten siempre presente que muchos de tus resultados serán ensayos para lograr tu resultado final.

En una ocasión, alguien me dijo: «Jesús no fue mejor que tú, Jesús vino a este mundo a enseñarte que tú también puedes hacer milagros. Créelo y crea esos milagros».

Es tu turno.

BIBLIOGRAFÍA

• *Cómo vivir 365 días al año: principios para enriquecer la vida* (*How to live 365 days a year*). Dr. Joseph Schindler

• *Piense y hágase rico* (*Think and grow rich*). Napoleon Hill

• *Dejar ir* (*Let it go*). Dr. David Hawkins

• *Factor mentalidad. Elimina las mentiras que frenan tu éxito y haz crecer tus ingresos.* Isabel Mancías

MANCIAS
ENTERPRISES LLC

Excelencia empresarial

El lugar donde la mentalidad te ayuda a llevar
a tu negocio al siguiente nivel

Conoce a Isabel Mancías.
Puedes encontrarme online
o en vivo en:

Programas de coaching
Seminarios
Entrenamientos
Cursos online

Para más informes, visita
www.isabelmancias.com

ISABEL MANCÍAS

El verdadero cambio está en tu mente

¿Te gustaría que Isabel Mancías esté
presente en tu evento o lleve
a cabo un entrenamiento para
tu equipo comercial?

Solicita más información en:
www.isabelmancias.com
o envía un correo electrónico
a **isa@isabelmancias.com,**
asistente.mancias@gmail.com
para concretar los detalles.